Muriel Fabre-Magnan

INTRODUCTION AU DROIT

Cinquième édition mise à jour
24e mille

Que sais-je?

À lire également en
Que sais-je ?

COLLECTION FONDÉE PAR PAUL ANGOULVENT

Michel Troper, *La Philosophie du droit*, n° 857.
Stéphane Rials, *Textes constitutionnels français*, n° 2022.
Denis Baranger, *Le Droit constitutionnel*, n° 3634.
Jean-Marie Carbasse, *Histoire du droit*, n° 3828.
François Gaudu, *Les 100 mots du droit*, n° 3889.
Stefan Goltzberg, *Les Sources du droit*, n° 4061.
Muriel Fabre-Magnan, *Le Droit des contrats*, n° 4118.
Benoît Montay, *Les 100 mots du droit constitutionnel*, n° 4150.

ISBN 978-2-7154-0690-2
ISSN 0768-0066

Dépôt légal – 1re édition : 2010
5e édition mise à jour : 2021, mai

170 *bis*, boulevard du Montparnasse, 75014 Paris

Introduction

Nul ne peut échapper au droit. Celui qui naît se voit déclaré « enfant de » et est ainsi doté d'une filiation, d'un nom de famille, d'un prénom, et aussi sans doute d'un domicile et d'une nationalité. Les actes les plus courants (achats de la vie quotidienne, déplacements en transports en commun, logement) se font par la conclusion de contrats (contrat de vente, de transport, ou encore de bail), créateurs d'obligations juridiques diverses.

De ce qu'il est écrit sous forme littéraire, usant pour l'essentiel de mots de la langue courante, on déduit faussement l'impression d'une accessibilité aisée du droit. Il y a certes des mots dont la compréhension n'est pas immédiate (usucapion, emphytéose, antichrèse, anatocisme, subrogation, novation, synallagmatique, chirographaire, ou encore action paulienne), mais même des mots du langage courant tels que meuble, force majeure, récompense, lien de causalité, ou encore erreur, sont d'une grande technicité et s'éloignent largement du sens commun. Le droit est en réalité une discipline complexe, qui requiert un long et patient apprentissage.

Tous les États du monde ont des règles juridiques, mais la place qu'occupe le droit dans la vie sociale diffère d'une culture à une autre. Dans les sociétés occidentales, le droit occupe une place centrale dans l'institution de l'homme et de la société, place qui, à d'autres époques ou dans d'autres cultures, peut relever principalement d'autres systèmes dogmatiques comme, par exemple, la religion. Le modèle de l'obéissance à des lois sanctionnées par des tribunaux n'a pas non plus toujours été, ni de tout temps ni en tous lieux, la principale façon de faire respecter un ordre social juste.

Il ne s'agit, dans ce modeste ouvrage, que de donner quelques aperçus et quelques clefs de compréhension du droit. Plus précisément, il s'agira principalement d'en présenter la structure et le cadre général. Il existe en effet des constantes du droit, comme les fils de chaîne au travers desquels chaque lieu et chaque époque tissent leur histoire avec leur trame propre. Issu d'une très longue histoire, le droit français n'a pas échappé à l'accélération généralisée caractéristique du dernier siècle, et nous essaierons aussi de donner quelques aperçus des réponses qu'il apporte aux questions difficiles qui se posent à lui. À travers ces divers points, on entreverra comment le droit peut œuvrer à la justice et à la dignité de la personne humaine.

CHAPITRE PREMIER

Le Droit et les droits

En droit français, le Droit avec un « D » majuscule renvoie à ce que l'on appelle le Droit objectif, par opposition aux droits subjectifs que l'on écrit avec un « d » minuscule. Le Droit objectif vise le système juridique dans son ensemble, tandis qu'un droit subjectif est une prérogative individuelle accordée aux personnes par le Droit (par exemple le droit de propriété ou encore le droit au respect de la vie privée). Nous nous en tiendrons dans cet ouvrage à la minuscule, même si nous parlerons surtout de l'organisation générale du système juridique, c'est-à-dire de droit objectif. La distinction demeure néanmoins essentielle entre *le* droit (objectif), divisé en branches, et *les* droits (subjectifs), dont il existe plusieurs types.

I. – Les branches du droit (objectif)

1. **Droit privé et droit public.** – Une importante division existe en droit français entre le droit privé et le droit public. Le *droit privé* réglemente les relations entre personnes privées – personnes physiques (individus) ou personnes morales (sociétés, associations) –, tandis que le *droit public* régit les relations dans lesquelles est impliquée une personne publique (l'État, une collectivité locale, une entreprise publique, etc.).

La distinction a été consacrée par l'affirmation solennelle d'une séparation des pouvoirs (loi des 16-24 août 1790 : « Les fonctions judiciaires sont distinctes et demeureront toujours séparées des fonctions administratives »), puis surtout par l'institution d'un dualisme juridictionnel et la création de juridictions administratives séparées des juridictions judiciaires (notamment la création du Conseil d'État en 1799). Elle est encore très rigide alors qu'elle apparaît à maints égards dépassée, l'État intervenant de plus en plus dans les activités privées en utilisant des structures et des mécanismes de droit privé. Elle est de même très relative et parfois inexistante dans les autres pays, même européens.

Le droit public comprend d'abord le *droit constitutionnel* qui a pour objet d'étudier les constitutions, textes ou coutumes fondateurs des États souverains : celles-ci prévoient le type de régime politique institué, l'organisation et la compétence des pouvoirs publics et aussi souvent les droits fondamentaux des citoyens. Le droit public inclut également le *droit administratif* qui est le droit des institutions et de l'action publique : il régit les relations entre l'État ou toute autre personne publique et une personne privée, ou des personnes publiques entre elles. À son origine, le droit administratif fut essentiellement jurisprudentiel, issu des décisions du Conseil d'État, mais il est aujourd'hui très codifié. Relève encore du droit public le *droit des finances publiques*.

Le droit privé comprend principalement le *droit civil* qui est le droit commun applicable à tous les citoyens. Celui-ci se compose du droit des personnes qui régit ce qu'on appelle « l'état des personnes » (le nom, le sexe, la nationalité, etc.) ; du droit de la famille qui comprend aussi bien les relations extrapatrimoniales (mariage, divorce, PACS, concubinage, filiation) que les relations pécuniaires au sein de la famille (régimes matrimoniaux et successions) ; du droit des obligations qui comprend le droit de la responsabilité civile délictuelle et le droit des contrats ; du droit des biens qui définit la composition du patrimoine ainsi que les rapports des personnes aux choses (propriété, usufruit, etc.) ; ou encore du droit des sûretés relatif aux garanties de paiement des dettes.

On rattache aussi au droit privé le *droit pénal*. L'hésitation était pourtant permise, car le droit pénal a pour objet de sanctionner les comportements délinquants, qualifiés comme tels par la loi parce qu'ils portent atteinte à la société ; l'une des parties au procès est donc l'État. L'argument prédominant a cependant été que les juridictions pénales font partie de l'ordre judiciaire et non pas de l'ordre administratif. Le droit pénal contient des incriminations de trois types, en fonction de leur gravité : dans l'ordre croissant, les contraventions, les délits *stricto sensu* et les crimes. Les juridictions pénales condamnent à des peines : emprisonnement, amende (somme d'argent versée à l'État) ou encore travaux d'intérêt général.

Le droit privé comprend également le *droit social* : droit du travail et droit de la sécurité sociale et de l'aide sociale. Le droit du travail régit le travail en situation de subordination (par opposition aux professions libérales et indépendantes). Il s'applique à toutes les relations de travail, qu'elles soient individuelles (rapports de l'employeur avec ses salariés) ou collectives (négociation collective ou encore conflits collectifs telle la grève).

D'autres matières se trouvaient à l'origine dans le droit civil, mais, du fait de leur développement, ont acquis leur autonomie : ainsi, le *droit des affaires* (droit des sociétés, droit des entreprises en difficulté ou droit bancaire et boursier), le *droit de la propriété intellectuelle*, le *droit maritime* ou encore le *droit de la consommation*.

2. **Droit interne et droit international.** – On distingue le droit interne du droit international, en droit public comme en droit privé.

Le *droit international public* est le droit des relations entre les États (droit des traités, droit de la guerre, etc.), des organisations internationales (ONU, OTAN, etc.) et des juridictions internationales (Cour internationale de justice, Cour pénale internationale, etc.).

Le *droit international privé* a pour objet de régler les conflits de lois (ou de juridictions) dans l'espace, lesquels peuvent apparaître lorsque le litige à trancher présente des éléments d'extranéité, c'est-à-dire des points d'ancrage dans des systèmes juridiques étrangers (nationalité ou domicile de l'une des parties, lieu de livraison, etc.). Le droit international privé permet de désigner l'ordre juridique compétent, c'est-à-dire la loi applicable (étrangère ou française) et aussi les tribunaux compétents. Le droit international privé comprend aussi l'étude de la nationalité et de la condition juridique des étrangers.

3. **Droit substantiel et droit processuel.** – Un système juridique a besoin de règles de plusieurs types. En particulier, il ne suffit pas de savoir quelle est la juste répartition des droits et des devoirs entre les individus (règles substantielles) ; il faut encore que ceux-ci puissent faire valoir ces droits en justice, et donc des règles procédurales permettant la mise en œuvre juridictionnelle des droits. Ces règles procédurales composent le droit dit « processuel », qui diffère d'une juridiction à l'autre : la procédure civile se distingue de la procédure pénale, de la procédure administrative ou encore de la procédure prud'homale.

Les règles de procédure permettent, par l'organisation et l'échange des arguments, d'essayer de canaliser les conflits ; elles sont également cruciales (en particulier les règles relatives à la preuve) pour assurer la légitimité du jugement et donc son acceptation par les parties et par la société dans son ensemble.

II. – Les différents types de droits (subjectifs)

1. **Les droits et les libertés.** – Une liberté est une faculté d'agir, qui implique toujours la liberté négative de ne pas agir : liberté d'aller et de venir (ou de ne pas bouger), liberté d'avorter (ou de ne pas avorter), de se syndiquer (ou de ne pas se syndiquer), etc. Un droit suppose en principe plus précisément l'existence d'un débiteur, c'est-à-dire d'une personne qui sera obligée de faire quelque chose pour que ce droit soit réalisé. Les droits des uns correspondent alors à des obligations ou à des devoirs pour les autres, ou au moins pour l'État.

2. **La classification des droits.** – Parmi les droits subjectifs, on distingue les droits *patrimoniaux* qui peuvent être évalués en argent et font partie du patrimoine (le droit de propriété ou l'usufruit), des droits *extrapatrimoniaux* qui sont au contraire non marchands : ce sont des droits civils (comme l'autorité parentale) ou politiques (le droit de vote par exemple).

On distingue encore les droits réels des droits personnels et des droits intellectuels. Les *droits réels* portent sur des choses (du latin *res*, la chose) : il y a les droits réels principaux qui sont le droit de propriété (comportant le droit d'user, de jouir et de disposer de la chose : *usus*, *fructus*, *abusus*) et ses démembrements (usufruit, droit d'usage) ; il y a aussi les droits réels accessoires qui sont des garanties de paiement des créances portant sur des choses (par exemple le gage ou l'hypothèque). Les *droits personnels* ne sont pas des droits portant sur des choses, mais des droits que l'on peut invoquer contre des personnes ; on les appelle également les droits de créance : ce peut être une créance de somme d'argent ou une créance d'un acte ou d'un service. Le droit reconnaît enfin que des choses incorporelles puissent être juridiquement protégées : il y a ainsi des *droits de propriété intellectuelle* (propriété littéraire et artistique pour protéger une chanson, une peinture ou encore un livre, et propriété industrielle qui permet, par des brevets ou des marques, de protéger des inventions), ou encore des *droits de la personnalité* (droit au nom, à l'image, ou encore au respect de la vie privée).

Tous ces droits sont susceptibles d'abus, sauf les droits dits « discrétionnaires ». Il y a en principe abus lorsqu'une personne utilise son droit dans le seul but de nuire à autrui.

3. **Les droits et les devoirs.** – Les revendications se font croissantes de « droits à » et, parallèlement, la notion de devoir devient moins audible. C'est ainsi que, lorsqu'il s'agit de protéger les animaux ou la nature – ce qui est un objectif non seulement louable mais crucial – sont revendiqués des « droits » de la nature ou des animaux, ce qui n'est pas nécessaire pour atteindre l'objectif visé. Nul ne propose d'ailleurs de leur ajouter des devoirs, car l'absurdité du projet apparaîtrait alors nettement. Distribuer des droits conduit à se donner bonne conscience à trop bon compte, si l'on se croit quitte sans avoir à se préoccuper de leur effectivité.

La distribution à tous de droits, fussent-ils fondamentaux, ne donne en outre aucun outil de résolution des conflits de ces droits. Leur conciliation ne peut alors se faire que par une mise en balance des différents droits ou par l'application d'un principe de proportionnalité dont on ne connaît ni les règles ni les mesures.

CHAPITRE II

La notion de droit

Le droit n'est pas une science. Une règle de droit n'est pas vraie ou fausse. Elle peut en revanche être bonne ou mauvaise (selon qu'elle règle bien ou mal les actions visées), ou encore juste ou injuste (selon qu'elle distribue ou non à chacun des parts équitables). *Jus est ars boni et aequi* : le droit est l'art du bon et de l'équitable, énonce le Digeste, recueil de textes écrits par les plus grands juristes des premiers siècles de notre ère et compilés sous Justinien (VIe siècle).

Les différentes étymologies du mot « droit » dans les langues indo-européennes éclairent sa définition : de la notion de *dharma* en sanskrit védique au *thémis* grec. Ce dernier terme désigne à l'origine l'ordre de la maison ou de la famille, par opposition à *diké* qui renvoie à la justice des rapports entre les familles (*ius* étant son équivalent latin). *Diké* ou *ius* renvoient en outre au droit humain (formules appliquées par le juge chargé de dire la sentence : *ius dicere* ou *iudex*), tandis que le *thémis* grec ou le *fas* latin visaient le droit d'origine divine. Les notions de droit et de justice se sont ensuite progressivement rap prochées, et *directum* est venu, dans les langues romanes, remplacer le *ius* classique : le droit, comme la règle, indique ainsi explicitement la droite ligne et la rectitude[1].

1. Voir sur tous ces points E. Benveniste, *Le Vocabulaire des institutions indo-européennes II. Pouvoir, droit, religion*, Paris, Minuit, « Le Sens commun », 1969.

Dans les langues européennes actuelles, les termes demeurent divers : le *Recht* allemand ou le *Diritto* italien visent le droit, séparé comme en français de la loi (*Gesetz*, ce qui est posé, ou *legge*), tandis qu'en anglais le droit s'identifie à la loi (*law*), mais se distingue en revanche plus nettement des droits (*rights*). L'anglais *right* a un champ sémantique plus large, pouvant désigner le bien par rapport au mal ou encore le juste par rapport au faux – *right and wrong* dans les deux cas[1].

I. – Le droit et les autres systèmes normatifs

Le droit n'est pas le seul système normatif, c'est-à-dire prescrivant aux individus une certaine façon d'agir sous peine de sanction. Le pluralisme moderne a pour conséquence le rejet hors de la sphère publique de tous les autres systèmes de normes et de valeurs ; il en résulte, paradoxalement, une juridicisation excessive de la société, puisque le droit devient la seule réponse possible à tout dysfonctionnement social. On s'éloigne ainsi des vœux de Jean Carbonnier qui faisait « l'hypothèse du non-droit » pour insister sur le nécessaire relâchement de la pression du droit dans certains espaces de temps et/ou de lieu.

La morale, dont l'objet est de dire ce qui est bien et ce qui est mal, édicte également des normes de comportement. Elle peut être individuelle ou commune à un groupe social. Cela ne signifie pas pour autant que les deux systèmes ne puissent avoir de règles communes : si certaines règles de droit n'ont rien à voir avec le bien et le mal, la plupart expriment les valeurs présentes dans une société donnée à un moment donné. Certaines notions juridiques renvoient

---

1. Voir B. Cassin (dir.), *Vocabulaire européen des philosophies*, Paris, Seuil et Le Robert, 2004.

même explicitement au consensus social existant à un moment donné sur ce qu'il convient de faire : ainsi, la notion de bonne foi, qui explicite le comportement que doivent avoir les cocontractants les uns envers les autres, ou encore la notion de personne raisonnable, qui décrit le standard de diligence exigé en certaines matières. Le fait que les règles morales ne soient pas juridiques signifie qu'on ne peut requérir ni les tribunaux ni la force publique pour les faire respecter, mais cela ne veut pas dire pour autant qu'elles soient dénuées de sanctions. Ainsi, dans des sociétés où la contrainte sociale est forte, les comportements jugés immoraux par un groupe peuvent être tout aussi sévèrement sanctionnés, voire plus, par des sanctions sociales de type « mises à l'index » ou exclusions.

Il existe également des *règles de politesse ou de bienséance*, prescrivant certains us et coutumes de comportement dans la vie sociale courante (arriver à l'heure, être courtois, ne pas parler la bouche pleine).

La *religion* est aussi un système normatif, avec des règles et des sanctions propres. En France, le principe de séparation des Églises et de l'État est posé par une loi de 1905 qui n'emploie cependant pas encore le mot de « laïcité » ; en revanche, l'article 1er de la Constitution de 1958 affirme que « La France est une République indivisible, laïque, démocratique et sociale. » L'État n'apportera donc pas le concours de la force publique pour l'application d'une règle religieuse. Il ne peut pas non plus donner, même indirectement, valeur juridique à une règle religieuse qui serait contraire aux principes fondamentaux du droit français : c'est ainsi que, comme l'a jugé la cour d'appel de Douai le 17 novembre 2008, les juridictions françaises n'ont pas à cautionner la demande d'un mari se plaignant de la non-virginité de son épouse en prononçant le divorce pour ce motif. De la même façon, la Cour de cassation avait à bon droit jugé, dans un arrêt du 17 avril 1991 (affaire du sacristain homosexuel), qu'une association religieuse ne pouvait licencier un salarié au seul motif de son homosexualité, laquelle serait contraire aux principes de l'Église catholique, alors qu'il n'en était résulté aucun trouble particulier dans la vie de l'association. Cela ne signifie pas pour autant que le droit n'a pas parfois à prendre en considération la religion, par exemple pour sanctionner les discriminations qui seraient faites sur ce fondement.

Le droit peut déléguer une fonction normative à d'autres règles. Il accorde ainsi une valeur aux *règles déontologiques* de certaines professions (médecins, avocats, etc.). En matière sportive, les *règles du jeu* ont un certain pouvoir normatif, avec des points d'intersection avec les règles juridiques : ainsi lorsqu'il y a lieu de réparer des dommages causés au cours d'activités sportives.

L'*éthique* est mise aujourd'hui sur le devant de la scène. Le mot a la même étymologie que la morale, les deux mots renvoyant aux mœurs (*mores* en latin, *ethos* en grec). Pourtant, la valorisation actuelle de l'éthique n'a d'équivalent que la disqualification de la morale. L'éthique étant un concept mou et doux, les « codes » ou les « espaces » d'éthique fleurissent dans les entreprises ou les hôpitaux : on peut ainsi créer ses propres règles et ne les appliquer que si on veut. Les tribunaux pourraient cependant trouver des moyens pour faire assumer leurs responsabilités à ceux qui se vantent abusivement de leur comportement éthique, ce qui rendrait alors possible une amélioration des pratiques sociales.

D'autres normativités peuvent opérer de façon plus insidieuse, comme la publicité ou la mode qui prescrivent certaines apparences et certains comportements, avec là encore des sanctions, souvent perceptibles dès le plus jeune âge.

II. – Le fait et le droit

La distinction entre le fait et le droit est au cœur du raisonnement juridique et de la répartition des rôles entre les juges. La Cour de cassation n'est ainsi juge que du droit, laissant (en principe) le fait au pouvoir souverain d'appréciation des juges du fond (juridictions du premier degré et cours d'appel). La distinction a aujourd'hui tendance à se brouiller, car le contrôle de certaines qualifications juridiques ou la mise en balance des intérêts en présence conduisent parfois la haute juridiction à apprécier les faits, quand elle ne va pas plus loin encore en tranchant elle-même le litige à l'occasion d'une cassation sans renvoi.

La distinction entre le droit et les faits demeure cependant, même si elle est complexe. Le droit n'est pas de l'ordre de l'*être*, mais du *devoir-être* (pour reprendre la fameuse distinction entre le *sein* et le *sollen*) : il ne décrit donc pas ce qui est, mais l'idéal à atteindre. Il est en ce sens par définition même normatif et prescriptif. Il ne peut être neutre et renvoie nécessairement à une axiologie, c'est-à-dire à un système de valeurs : certaines actions sont autorisées et d'autres interdites, certains comportements sont favorisés et d'autres découragés, etc.

Le droit ne peut donc se déduire sans reste d'une simple constatation des faits, et même l'idée que le droit devrait s'adapter aux faits est très réductrice. Il y a toujours auparavant un jugement de valeur porté sur ces faits. Nul ne songerait par exemple à déduire d'une augmentation de la criminalité la nécessité de légaliser celle-ci. Cela ne signifie pas pour autant, ce qui serait l'extrême inverse, que le droit puisse se désintéresser de l'évolution de la société et notamment de l'évolution des mœurs : c'est ainsi que le droit de la famille a été constamment modifié au gré de l'évolution des mentalités et de la perception sociale du divorce, de l'adultère, ou encore de l'orientation sexuelle.

Le droit a toujours aussi un rôle instituant, c'est-à-dire qu'il met en place un certain état de fait : des règles juridiques peuvent instaurer ou au contraire détruire la confiance, pacifier une relation ou encourager une certaine violence, etc. C'est ainsi que les lois instituant le PACS puis le mariage de couples de même sexe, qui ont dans un premier temps été rendues possibles par l'évolution de la perception de l'homosexualité, ont eu en retour pour effet d'atténuer la stigmatisation dont peuvent être victimes les couples homosexuels.

Ce caractère instituant du droit rend impossible l'absence d'écart entre le fait et le droit, car un déplacement de la règle entraîne toujours un déplacement corrélatif des faits. Ainsi, la légalisation de l'euthanasie conduirait nécessairement à l'apparition de nouveaux litiges : en particulier des contestations de la famille regrettant la décision prise et reprochant au médecin d'avoir mis fin prématurément aux jours de leur proche. De même, l'admission de la gestation pour autrui donnerait à voir des litiges entre les couples commanditaires et les mères porteuses qui souhaiteraient finalement garder leur enfant, ou au contraire des situations d'enfants handicapés dont personne ne voudrait plus.

III. – Les règles de droit

Le droit continental, dont fait partie le droit français, se formule le plus souvent sous forme de règles. Ainsi, dans le Digeste déjà, le droit se résume à trois célèbres préceptes : *honeste vivere* (« vivre honnêtement »), *neminem laedere* (« ne nuire à personne ») et *suum cuique tribuere* (« attribuer à chacun le sien »).

Le type le plus courant de formulation de la règle de droit consiste à attacher une conséquence juridique à une certaine situation : ainsi, toute personne qui, par sa faute, cause à autrui un dommage est tenue de le réparer. La règle énonce donc un présupposé (les conditions de son application) et une conséquence juridique. Les codes et les lois contiennent aussi d'autres types d'articles, par exemple des articles de définition : ainsi, l'article 515-8 du Code civil énonçant que « le concubinage est une union de fait, caractérisée par une vie commune présentant un caractère de stabilité et de continuité, entre deux personnes, de sexe différent ou de même sexe, qui vivent en couple. »

Toutes les règles de droit ne sont pas inscrites dans la loi. Il existe des *principes généraux du droit* qui résultent de l'ensemble du système juridique et peuvent être appliqués lorsque aucune règle précise ne semble concerner le cas litigieux. Ils sont souvent énoncés sous forme d'adages ou de maximes[1], que la Cour de cassation peut reprendre dans ses visas comme unique fondement de ses décisions. Beaucoup sont formulés en latin[2] : par exemple *Fraus omnia corrumpit* (« la fraude corrompt tout »), *Nemo auditur propriam turpitudinem allegans* (« personne n'est entendu lorsqu'il allègue sa propre turpitude ») ou encore *Nemo plus juris transferre potest quam ipse habet* (« personne ne peut transférer plus de droits qu'il n'en a lui-même »). Le juriste Loysel avait, dans ses *Institutes coutumières* de 1607, cherché à formuler les principes de l'ancien droit coutumier sous forme d'adages, de préférence en rimes : « Boire, manger, coucher ensemble, c'est mariage ce me semble », « Qui le sien donne avant mourir,

1. Voir H. Roland, L. Boyer, *Adages du droit français*, Paris, Litec, 4e éd., 1999 ; J. Hilaire, *Adages et maximes du droit français*, Paris, Dalloz, 2e éd., 2015.

2. Voir H. Roland, *Lexique juridique des expressions latines*, Paris, LexisNexis, 7e éd., 2016.

bientôt s'apprête à moult souffrir », « On lie les bœufs par les cornes et les hommes par les paroles », ou encore « Qui peut et n'empêche pèche ».

L'ensemble formé par les règles de droit et les principes généraux du droit constitue un maillage tel qu'il ne peut exister de *vide juridique* ou de non-droit. Les juges trouvent toujours dans l'arsenal juridique de quoi répondre à toutes les questions de droit qui leur sont posées ; ils seraient au demeurant passibles du délit de déni de justice s'ils refusaient de juger « sous prétexte du silence, de l'obscurité ou de l'insuffisance de la loi » (art. 4 du Code civil).

Les règles de droit présentent en principe plusieurs caractères.

1. **La généralité de la règle de droit.** – Traditionnellement, la règle de droit s'adressait sinon à tous les citoyens, du moins à des catégories générales. Certes, des décisions juridiques individuelles peuvent être prises (par exemple une nomination), mais elles sont l'application de règles de droit et non pas des règles de droit en elles-mêmes. Une règle de droit devrait même en principe être faite pour régler les cas les plus nombreux ; cet objectif de justice est dévoyé lorsque l'on fait une règle de droit pour un petit groupe d'intéressés, que ce soit pour les favoriser ou pour les stigmatiser.

On peut en ce sens opposer le droit à l'équité. L'équité renvoie souvent à l'idée de pallier la rigidité du droit liée à sa généralité. « *Summum jus, summa injuria* », dit l'adage classique (le droit le plus strict, l'injustice la plus grande). Lorsque l'application stricte de la règle de droit conduit à une injustice, l'équité permet d'adapter celle-ci à un cas particulier. Le droit lui-même renvoie parfois à l'équité : l'article 270 du Code civil prévoit ainsi qu'après le divorce, l'un des époux peut être tenu de verser à l'autre une prestation compensatoire pour pallier la disparité de niveaux de vie résultant de la rupture, mais que le juge peut refuser de l'accorder si l'équité le commande, par exemple si le divorce est prononcé aux torts exclusifs de l'époux demandant une prestation.

2. **Le caractère obligatoire et coercitif de la règle de droit.** – Le caractère obligatoire du droit semble le plus assuré. Il existe certes des règles supplétives que l'on peut écarter par une manifestation expresse de volonté, et plus encore des règles dispositives qui ne s'appliquent qu'en cas de manifestation de volonté en ce sens. Mais une fois que la volonté s'est manifestée, la règle choisie devient obligatoire, c'est-à-dire que le système juridique apportera son soutien à son application, en particulier par des sanctions. C'est le soutien du système juridique qui donne ainsi son caractère juridique à la règle, plus que son contenu, car une même règle peut être prescrite par des ordres divers (le droit et la morale par exemple).

3. **Le caractère permanent de la règle de droit.** – La rapide succession des réformes rend aujourd'hui souvent inexact ce qualificatif classique de la règle de droit. Avant même qu'une loi soit entrée en vigueur (par exemple faute de publication de décrets d'application nécessaires à sa mise en œuvre), celle-ci est parfois déjà réformée. L'abandon de cette exigence est confirmé par les lois expérimentales, votées à l'essai pour une durée déterminée fixée à l'avance (les lois bioéthiques par exemple). Il demeure que la sécurité juridique requiert que le droit ait une certaine stabilité.

4. **Le contenu normatif de la règle de droit.** – Dans une décision du 21 avril 2005 sur la Loi d'orientation et de programme pour l'avenir de l'école, le Conseil constitutionnel a affirmé que « la loi a pour vocation d'énoncer des règles et doit par suite être revêtue d'une portée

normative ». Il a alors censuré comme étant dépourvus de toute portée normative certains énoncés généraux de la loi tels que « l'objectif de l'école est la réussite de tous les élèves », ou « l'école doit reconnaître et promouvoir toutes les formes d'intelligence pour leur permettre de valoriser leurs talents ». La décision peut se comprendre : il est lassant de voir le législateur prendre la loi pour une tribune médiatique et énoncer, à peu de frais, des dispositions d'affichage en étant assuré qu'elles ne seront pas applicables. La directive du Conseil constitutionnel est néanmoins délicate à mettre en œuvre. Le propre de l'activité des juges a en effet toujours consisté à faire avancer le droit en utilisant des formules qui, à l'origine, n'avaient pas nécessairement de portée normative. L'indicatif étant, pour les juristes, la marque de l'impératif, les juges peuvent tirer de la phrase la plus anodine des prescriptions obligatoires et ils ne s'en sont pas privés.

CHAPITRE III

L'histoire du droit

Le droit est fait de strates et de sédimentations successives. Les couches les plus anciennes demeurent, même si elles sont plus ou moins recouvertes et plus ou moins oubliées.

I. – L'Antiquité

Les textes juridiques les plus anciens ont été retrouvés en Mésopotamie. Le plus célèbre et le plus complet est le *Code de Hammourabi*, du nom du sixième roi de Babylone (1792-env. 1750 av. J.-C.). Ce Code, gravé sur une stèle, est conservé au musée du Louvre. Ces stèles étaient placées sur les places publiques. À part un prologue et un épilogue lyriques consacrés aux dieux et aux récits des conquêtes, le Code contient 282 propositions sur la conduite des sujets du Royaume. Ce Code n'est pas un code de lois, mais plutôt une compilation de sentences de justice rendues dans des cas particuliers. Il est connu pour avoir exprimé la *loi du talion* (du latin *talis*, tel, pareil), selon laquelle la peine doit être proportionnée au délit commis, et résumée par la formule « œil pour œil, dent pour dent », ce qui à l'époque constituait parfois un adoucissement par rapport aux peines anciennes.

La *culture grecque* a joué un rôle majeur pour la civilisation occidentale, que ce soit en philosophie (avec Socrate, Platon ou Aristote) ou en sciences. D'un point de vue juridique, plusieurs concepts centraux voient le jour : ainsi la notion de démocratie (de *dêmos*, peuple, et *krátos*, pouvoir), née à Athènes autour du ve siècle avant Jésus-Christ, ou encore la notion même de loi, en tant que règle détachée de ses origines religieuses, délibérée et votée par les hommes et pour les hommes.

L'Antiquité a surtout vu apparaître le *droit romain*, socle de notre culture juridique occidentale. On peut faire commencer celui-ci dès la fameuse Loi des Douze Tables (*Lex Duodecim Tabularum*), premier corpus de lois écrites, que l'on date aux alentours de 450 avant Jésus-Christ. Ce texte contient de nombreuses règles de procédure, de droit de la famille, de droit des biens ou de droit pénal ; certaines sont très sévères, par exemple la possible contrainte par corps des débiteurs.

II. – Les codifications justiniennes

L'empereur Justinien, qui régna à Byzance de 527 à 565, procéda à une vaste compilation et refonte de l'ensemble des textes romains. Ce Code de Justinien comprend quatre recueils : le *Codex*, recueil des décisions (que l'on appelle constitutions) impériales, c'est-à-dire des réponses aux questions posées à l'empereur ; le *Digeste* (encore appelé Pandectes, c'est-à-dire compilations), encyclopédie formée de milliers d'extraits des jurisconsultes les plus célèbres depuis le début de l'Empire (notamment Gaius, Ulpien, Paul et Papinien) ; les *Institutes*, court manuel destiné à la « jeunesse désireuse de connaître les lois » ; et enfin les *Novelles*, qui sont les constitutions de Justinien postérieures à la rédaction du Code.

On retient souvent du droit romain ce droit doctrinal et abstrait, qui est en réalité un droit tardif. Le droit romain des premiers siècles avant Jésus-Christ était au contraire un droit processuel et casuistique, très proche en fait de la *common law*. En particulier, la procédure était primordiale, et un droit ne pouvait être reconnu que s'il existait une action pour le faire valoir (l'action précède le droit ou *remedies precede rights* comme disent toujours les juristes anglais). Il était de même profondément casuistique : il n'existait pas par exemple de principe général de responsabilité, ni de notion théorique et abstraite de contrat, mais uniquement des délits particuliers dans lesquels il fallait faire entrer son action (comme les *torts* actuels du droit anglais) ou des contrats particuliers dans lesquels devaient se mouler les accords pour être exécutoires (vente ou mandat par exemple).

III. – La période médiévale

Toute l'œuvre de Justinien avait très rapidement été perdue et oubliée dans l'Occident séparé de l'Empire byzantin. Elle fut redécouverte à la fin du XIe siècle dans le Nord de l'Italie, et cette redécouverte eut des conséquences majeures. La réapparition de cette somme de textes suscita en effet un immense travail d'interprétation, en particulier par l'École des glossateurs de Bologne dont un représentant célèbre fut Irnérius. Le texte romain était accompagné de gloses, petites notes rajoutées dans le corps du texte (gloses interlinéaires), ou dans la marge (gloses marginales). Irnérius eut de nombreux disciples et, au XIIIe siècle, un autre professeur de Bologne, Accurse, résuma les travaux de ses prédécesseurs dans un ouvrage connu sous le nom de *Grande Glose*. Le travail fut poursuivi par les postglossateurs (par exemple Bartole au XIVe siècle).

Dans toute l'Europe et notamment en France, l'évolution du droit fut profondément modifiée par cette redécouverte. La richesse des catégories romaines offrait une source d'interprétations et de solutions, parallèlement au corpus du droit canonique. L'expression *corpus juris civilis* sera inventée au XVIe siècle pour désigner le legs du droit romain, par opposition au *corpus juris canonici*.

Pierre Legendre appelle cette période cruciale la « première révolution de l'interprète », période où se constitue la tradition juridique romano-canonique qui continue de nous porter. Dans son ouvrage intitulé *Droit et révolution*[1], Harold J. Berman montre aussi que la période est révolutionnaire du point de vue de l'histoire du droit. Elle marque en effet la rencontre entre le droit romain, qui s'était détaché de ses origines religieuses, et l'Église, à la recherche de règles techniques d'organisation. Celle-ci s'est alors approprié les catégories du droit romain et s'est construite comme un système pyramidal et hiérarchisé dont le sommet était à Rome, préfigurant la notion moderne d'État. On assiste ainsi à l'invention d'un système institutionnel ayant vocation à régir le monde entier et qui s'incarne dans une figure – la « source vivante des lois » – qui est le pontife dans le cas de l'Église, puis l'État législateur. C'est ainsi dans cette période que se forge la tradition juridique continentale dont nous sommes les héritiers et qui est en profondeur distincte de la figure du juge casuiste de *common law*.

IV. – L'ancien droit

Sous la monarchie, la France est encore un pays de coutumes. Chacun est régi par ses propres lois, selon le principe de territorialité des lois. Dans le Sud, dit pays de droit écrit, cette coutume s'inspire surtout du droit romain. Le Nord de la France, pays de droit coutumier, est quant à lui régi par de nombreuses coutumes orales

1. Les deux volumes sont à présent traduits en français : 1er vol. Librairie de l'université d'Aix-en-Provence, 2002 ; 2e vol. Fayard, 2010.

inspirées du droit germanique. La rédaction des coutumes fut imposée par l'ordonnance de Montils-lès-Tours de 1454, mais celle-ci ne fut effective que très progressivement.

L'influence du droit romain servit de base à l'apparition d'un droit commun – un *jus commune* (expression reprise du Digeste) –, droit savant auquel étaient formés tous les juristes et auquel on eut recours de plus en plus souvent, notamment pour interpréter les coutumes. Pascal ironisait cependant encore sur la multiplicité des lois : « Plaisante justice, qu'une rivière borne ! Vérité au-deçà des Pyrénées, erreur au-delà » (*Pensées*, 1670).

La volonté se fit cependant de plus en plus forte d'unifier le droit sur tout le territoire. Les rois réussirent à imposer quelques grandes ordonnances régissant l'ensemble du Royaume : par exemple l'ordonnance de Michel de Marillac, chancelier pendant la régence de Marie de Médicis, et surtout les grandes ordonnances de Colbert, contrôleur général des finances sous Louis IV (ordonnance sur la procédure civile de 1667, ordonnance criminelle de 1670, ordonnance sur le commerce de 1673) puis, au siècle suivant, du chancelier d'Aguesseau (ordonnance sur les donations de 1731 ou sur les testaments de 1735).

De nombreux auteurs ont, à cette époque, produit des travaux dont le Code civil s'inspirera largement. Les deux principaux sont Jean Domat (1625-1696), auteur des *Lois civiles dans leur ordre naturel*, et Robert-Joseph Pothier (1699-1772).

V. – La codification napoléonienne

La codification avait été l'un des souhaits de la Révolution : l'Assemblée constituante du 16 août 1790 avait ainsi prévu qu'il serait fait un code général de lois simples, claires et communes à tout le Royaume. Un tel projet nécessitait une volonté politique forte, et aucun des projets proposés par Cambacérès ne put voir le jour. Il a fallu la ténacité d'un Napoléon Bonaparte pour permettre au projet d'aboutir. Le Code civil fut rédigé par Portalis, qui en dirigea l'élaboration, avec la collaboration de Tronchet, Maleville et Bigot de Préameneu. Il prépara le « discours préliminaire » contenant plusieurs directives restées célèbres sur ce qu'est une bonne législation : « Les lois ne sont pas de purs actes de puissance ; ce sont des actes de sagesse, de justice et de raison » ; « Le législateur exerce moins une autorité qu'un sacerdoce. Il ne doit point perdre de vue que les lois sont faites pour les hommes, et non les hommes pour les lois » ; « Il ne faut point de lois inutiles ; elles affaibliraient les lois nécessaires ». Napoléon suivit de près les travaux et influença plusieurs passages ; il intervint pour laisser une ouverture au divorce, car il souhaitait mettre fin à son mariage avec Joséphine de Beauharnais. Le Code civil fut promulgué en 1804, suivi par le Code de procédure civile, le Code de commerce, ou encore le Code pénal.

Le Code civil est un texte de compromis entre le droit des pays de coutume (plutôt le Nord de la France) et celui des pays de droit écrit fortement influencés par le droit romain (le Sud de la France). Compromis aussi entre le droit de l'Ancien Régime et le droit de la Révolution (qualifié de droit intermédiaire) : le Code civil se voulait, selon le mot célèbre de Planiol, « ni réactionnaire ni révolutionnaire ». On a souvent évoqué « l'esprit du Code civil », qui serait individualiste, bourgeois, permettant la domination de la classe possédante sur les non-possédants, mais aussi marqué par la laïcité, la liberté et l'égalité. Les rédacteurs se méfiaient des principes généraux trop philosophiques.

VI. – Le XIXe siècle

Le XIXe siècle fut marqué par l'influence du Code civil. Le texte, aboutissement de plusieurs siècles de tentatives d'unification, forçait l'admiration, et les auteurs pouvaient dire, comme Bugnet, « je ne connais pas le droit civil, je n'enseigne que le Code civil ». Tous les grands traités du XIXe siècle (Toullier, Troplong, Duranton, Demolombe, Demogue, etc.) étaient des commentaires, article par article, du nouveau Code. Depuis Bonnecase (1878-1950), il est courant de regrouper ces auteurs dans « l'École de l'exégèse ». Aubry et Rau furent les premiers à oser proposer un cours de droit civil ordonné selon un plan abstrait se détachant de celui du Code. Ils dissimulèrent cette audace en présentant la première édition de leur ouvrage comme la traduction d'un ouvrage allemand de Zachariae. En réalité, dès la première édition de 1838, loin de se borner à une simple traduction, ils ont ajouté plusieurs pages personnelles (ainsi des pages sur le patrimoine devenues célèbres).

Le Code civil fut appliqué dans plusieurs pays, notamment à la suite des conquêtes napoléoniennes (en Belgique, aux Pays-Bas, au Luxembourg ou dans certains États d'Allemagne). Il fut le plus souvent remplacé ensuite par des codes propres, par exemple en Allemagne où fut promulgué en 1900 le BGB (*Bürgerlisches Gesetzbuch*). Le Code civil fut de même introduit dans les pays d'Afrique colonisés, où il continue parfois d'être appliqué ; un renouveau se fait progressivement par le biais du droit de l'OHADA (Organisation pour l'harmonisation en Afrique du droit des affaires). Dans d'autres pays, c'est librement que le Code civil a servi de modèle : par exemple en Amérique latine, en Louisiane, dans la province de Québec ou en Roumanie. Au gré des modifications de leurs codes, cette influence fut concurrencée par d'autres modèles, notamment le modèle germanique. C'est ainsi qu'au Japon, à la fin du XIXe siècle, un professeur français, Boissonnade de Fontarabie, avait été engagé pour aider à élaborer des codes, mais son projet de Code civil ne réussit pas à s'implanter et, lors de la parution du BGB, le modèle germanique fut adopté, même si demeurent encore des traces perceptibles de l'influence française.

Au tournant du XXe siècle, François Gény (1861-1959) invita à sortir du fétichisme du Code civil en insistant sur de nouvelles méthodes d'interprétation plus ouvertes et fondées sur la « libre recherche scientifique ». Ses travaux insistaient en particulier sur l'importance de la jurisprudence dans l'élaboration du droit.

VII. – Le XXe siècle

Le droit a subi, au XXe siècle, des métamorphoses accélérées.

Les *sources du droit* ont été bouleversées et réorganisées. La jurisprudence a pris une importance prédominante : c'est ainsi que le droit de la responsabilité civile a été forgé puis remanié à maintes reprises par la Cour de cassation à partir de cinq articles du Code civil restés inchangés depuis 1804 (ils devraient l'être cependant incessamment). La loi demeure néanmoins une source importante, et on assiste même à une inflation législative, encore augmentée par l'internationalisation du droit (voir chap. IV).

L'État, devenu *État social* ou *État providence* a accru son domaine d'intervention. Les services publics ont été théorisés et garantis, la Sécurité sociale créée, et un statut salarial institué. Finalement, un Code du travail fut promulgué en 1910, très souvent modifié, et profondément remanié depuis 2016, en particulier par des ordonnances de 2017. L'industrialisation avait également conduit à l'apparition de nouvelles machines, utiles mais dangereuses. Le développement de la sécurité sociale et de l'assurance rendit alors possible l'avènement d'une responsabilité sans faute (responsabilité pour risque), permettant une meilleure indemnisation des victimes. Le mouvement débuta avec la grande loi sur les accidents du travail de 1898, qui prévoyait une responsabilité sans faute de l'employeur en échange d'une limitation de sa responsabilité. D'autres lois suivirent, en particulier la loi sur les accidents de la circulation du 5 juillet 1985, ou encore la loi du 19 mai 1998 introduisant dans le Code civil un régime d'indemnisation pour les dommages causés par les produits défectueux.

La *vie privée et familiale* a aussi considérablement évolué. Le principe d'égalité, qui a conduit à accorder le droit de vote aux femmes en 1946, a produit de nombreux autres effets. Tout au long de la seconde moitié du XXe siècle, le droit de la famille s'est modernisé au nom de ce principe (égalité des époux, égalité des enfants, ou encore égalité des couples). Une première série de grandes réformes fut menée sous l'égide du doyen Jean Carbonnier (1908-2003) de 1964 à 1975. Toutes ces matières ont été depuis refondues. Le droit du divorce a été modifié par la loi du 26 mai 2004 qui introduit, à côté du divorce pour faute et du divorce par consentement mutuel, un divorce « pour altération définitive du lien conjugal », que peut obtenir l'un des époux dès lors qu'il est séparé de son conjoint depuis deux ans au moins. La loi du 18 novembre 2016 de modernisation de la justice du XXIe siècle a simplifié le divorce par consentement mutuel en autorisant qu'il se fasse désormais en dehors de toute procédure judiciaire, par acte sous signature privée contresigné par des avocats et déposé au rang des minutes d'un notaire. Le droit de la filiation a à son tour été revu par une ordonnance du 4 juillet 2005 qui entérine la jurisprudence facilitant la contestation de la paternité et l'établissement d'un lien de filiation avec le père « véritable » (c'est ainsi que le Code civil qualifie le père biologique). Elle fait en outre disparaître l'opposition entre enfants légitimes et enfants naturels ou adultérins. On peut citer encore le droit des successions et des libéralités, modifié par la loi du 23 juin 2006, qui tient compte, dans la transmission des héritages, de l'allongement de la durée de la vie, et donne plus de liberté aux personnes dans l'organisation de leur succession ; cette loi accorde en outre davantage de droits au conjoint survivant. Il faut encore citer la loi du 15 novembre 1999 instituant le pacte civil de solidarité, suivie par la loi du 17 mai 2013 ouvrant le mariage (et l'adoption) aux couples de même sexe.

VIII. – Le début du XXIe siècle

Le début du XXIe siècle est marqué par l'envahissement des techniques auquel le droit doit faire face. Tout ce qui devient possible est revendiqué, et le droit se trouve un peu dépourvu pour résister et fixer quelques limites.

Le droit des personnes s'est ainsi transformé du fait des découvertes dans le domaine des biotechnologies. Les premières lois dites « bioéthiques » du 29 juillet 1994 avaient posé quelques repères pour assurer le respect du corps humain et de la dignité de la personne humaine. À l'occasion de leur révision régulière (2004, 2011, 2018 et sans doute encore 2021), de nombreuses nouvelles pratiques sont autorisées : don croisé d'organes, possibilité de donner ses gamètes même si on n'a pas déjà procréé, technique de congélation ultrarapide des ovocytes, recherche sur l'embryon et les cellules-souches embryonnaires, recherches biomédicales sur des gamètes destinés à constituer un embryon ou sur l'embryon *in vitro* avant ou après son transfert à des fins de gestation, etc. Le droit de la famille et, en particulier, le droit de la filiation, doit aussi faire face aux nouvelles techniques de procréation médicalement assistée, lesquelles devraient être bientôt ouvertes aux couples de femmes et aux femmes seules.

Les nouvelles technologies de l'information et de la communication (NTIC) ont également eu des répercussions sur l'ensemble de la vie sociale, et ont entraîné la modification de nombreux domaines du droit : propriété intellectuelle, mais aussi droit des contrats, droit du travail, ou encore droit de la preuve. L'être humain est de toutes parts discrédité et disqualifié. On rêve de robots qui pourraient le remplacer et de post-humain, on s'émerveille devant l'intelligence artificielle, et on appelle progrès ce qui permet de se dispenser toujours plus de toute intervention humaine. Les juristes s'emparent à leur tour des algorithmes, des *blockchains*, ou encore des *smart contracts*. Par une sorte de rivalité mimétique si bien théorisée par René Girard, tout le monde se précipite de peur d'être en retard, sans prendre le temps de se demander où au juste on souhaite aller.

CHAPITRE IV

Les sources du droit

La question des sources du droit est une question classique pour les juristes. Elle consiste à déterminer quelles sont les autorités habilitées à créer du droit. Les sources du droit sont donc les lieux où il faut aller puiser lorsque l'on cherche la réponse à une question de droit[1]. Leur vision classique subit aujourd'hui de multiples transformations.

I. – La vision classique : la pyramide des normes

Dans la vision classique, enseignée dans les facultés de droit, les sources du droit sont hiérarchiquement organisées : on emprunte au juriste autrichien Hans Kelsen (1881-1973) l'image qu'elles formeraient une sorte de pyramide, où chaque norme doit être conforme aux normes qui lui sont supérieures et dont elle tire sa validité.

L'image de la pyramide donne une impression statique, là où la coexistence de sources de différents niveaux ne peut que conduire à une dynamique et à un dialogue constitutifs du droit. Elle ne dit en outre rien de la question centrale du droit qui est celle de sa légitimité, c'est-à-dire celle de savoir d'où le droit tire son autorité. Elle demeure

1. Les sources juridiques sont aujourd'hui largement accessibles sur Internet à travers le portail de *Légifrance* qui ouvre sur différents autres sites juridiques, nationaux et internationaux : www.legifrance.gouv.fr.

néanmoins éclairante, notamment en ce qu'elle montre la nécessaire verticalité du droit.

1. **La Constitution.** – Au sommet de la pyramide du droit positif (pour la norme fondamentale chez Kelsen, qui a une tout autre nature, voir *infra*, p. 83), on trouve la Constitution.

La Constitution actuellement en vigueur en France est la Constitution de la Ve République qui date du 4 octobre 1958. Elle a été modifiée par la loi constitutionnelle du 23 juillet 2008. Un projet de loi constitutionnelle pour un renouveau de la vie démocratique a été déposé en 2019, mais il est pour l'instant à l'arrêt : il prévoit la diminution du nombre de députés et de sénateurs, une limitation du cumul des mandats dans le temps, l'introduction d'une dose de proportionnelle, ou encore le renforcement de l'indépendance de la justice. Une réforme constitutionnelle ne peut être adoptée qu'à la majorité des 2/3 des parlementaires réunis en congrès à Versailles ou par référendum.

(A) *Le bloc de constitutionnalité.* – L'expression vise l'ensemble des règles à valeur constitutionnelle.

Ce bloc comprend d'abord les articles 1 à 89 qui forment le *corps* de la Constitution. Leur objet est de poser les règles relatives à l'organisation et au fonctionnement des pouvoirs publics institués (président de la République, Parlement, Conseil constitutionnel, ou encore autorité judiciaire). Dans certains pays étrangers, la Constitution est conçue plus largement et contient l'énoncé de droits et principes fondamentaux.

Dans une importante décision du 16 juillet 1971, le Conseil constitutionnel a réalisé cet objectif en intégrant dans le bloc de constitutionnalité le préambule de la Constitution de 1958. Celui-ci est souvent qualifié de *préambule-gigogne*, du nom des fameuses poupées russes.

Il renvoie en effet à la Déclaration des droits de l'homme et du citoyen de 1789, au préambule de la Constitution de 1946 et, depuis la loi constitutionnelle du 1er mars 2005, à la Charte de l'environnement de 2004. Le préambule de la Constitution du 27 octobre 1946 renvoie à son tour à la Déclaration des droits de 1789, réaffirme les « principes fondamentaux reconnus par les lois de la République » et enfin proclame, « comme particulièrement nécessaires à notre temps », certains principes politiques, économiques et sociaux tels que l'égalité entre les hommes et les femmes, le droit d'asile, le devoir de travailler et le droit d'obtenir un emploi, la liberté syndicale, le droit de grève ou encore le droit à l'instruction. Le Conseil constitutionnel peut, par une interprétation de l'ensemble de ces textes, découvrir de nouveaux principes : c'est ainsi que dans une décision n° 2018-717/718 QPC du 6 juillet 2018, il a déduit de diverses dispositions du préambule et du corps même de la Constitution « que la fraternité est un principe à valeur constitutionnelle ».

(B) *Le contrôle de constitutionnalité des lois.* – La Constitution de 1958 a confié le contrôle de constitutionnalité des lois au Conseil constitutionnel. Celui-ci est composé d'au moins neuf membres : trois sont nommés par le président de la République, trois par le président de l'Assemblée nationale et trois par le président du Sénat. Leur mandat est de neuf ans et il n'est pas renouvelable. Le Conseil constitutionnel se renouvelle par tiers tous les trois ans. À ces neuf membres, il faut ajouter les anciens présidents de la République qui sont, s'ils le souhaitent, membres de droit et à vie du Conseil constitutionnel (le projet de réforme constitutionnelle susvisé supprime cette possibilité).

Dans la Constitution de 1958, le rôle du Conseil constitutionnel consistait surtout à veiller à la nouvelle répartition des compétences entre la loi et le règlement, plus précisément à sanctionner tout empiétement du pouvoir législatif sur le pouvoir réglementaire. Il s'était également vu attribuer d'autres compétences ponctuelles, par exemple en matière électorale.

Le contrôle de la constitutionnalité des lois est cependant devenu le rôle essentiel du Conseil constitutionnel. La première raison en a été la décision précitée du 16 juillet 1971. La constitutionnalisation du préambule permet en effet de contrôler davantage le contenu des lois, car lorsque la conformité de celles-ci à la Constitution s'appréciait uniquement par rapport aux règles de fonctionnement des pouvoirs publics, le risque de non-conformité était pratiquement inexistant. Surtout, jusqu'à la réforme du 29 octobre 1974, le Conseil constitutionnel ne pouvait être saisi que par le président de la République, le Premier ministre, le président de l'Assemblée nationale ou encore le président du Sénat. Or, ces quatre autorités étant souvent du même bord politique, aucune d'entre elles ne prenait l'initiative de saisir le Conseil constitutionnel pour contester un texte adopté par sa propre majorité. La réforme a élargi la saisine du Conseil constitutionnel à un groupe de 60 députés ou 60 sénateurs, ouvrant ainsi en pratique la possibilité de contester la constitutionnalité des lois à l'opposition. Le projet de révision constitutionnelle déposé en 2019 prévoit de faire passer ce nombre de 60 à 45.

Le Conseil constitutionnel ne peut pas s'autosaisir, mais lorsqu'il est saisi de l'inconstitutionnalité d'une disposition d'une loi, il s'est reconnu le pouvoir d'en profiter pour contrôler la loi dans son entier et même l'ancienne loi (pourtant déjà promulguée) dont la nouvelle vient modifier certaines dispositions. Le Conseil s'autorise également à invoquer un grief non formulé par les requérants contre une disposition critiquée par eux.

Son rôle a été encore considérablement accru par la loi constitutionnelle du 23 juillet 2008 qui a élargi les modalités de sa saisine en prévoyant, dans un nouvel article 61-1 de la Constitution, une possible contestation de la constitutionnalité des lois par les justiciables : c'est ce qu'on appelle la *question prioritaire de constitutionnalité* (QPC). Auparavant, la contestation de la constitutionnalité des lois devait être formulée immédiatement après le vote de la loi et avant que celle-ci ne soit promulguée par le président de la République ; celui-ci ne pouvait alors promulguer la loi qu'après le feu vert du Conseil constitutionnel. Désormais, lorsque, à l'occasion d'une instance en cours devant une juridiction, il est soutenu qu'une disposition législative porte atteinte aux droits et libertés que la Constitution garantit, le Conseil constitutionnel peut être saisi de cette question sur renvoi du Conseil d'État ou de la Cour de cassation. Un système de filtrage a ainsi été mis place. Cette *exception d'inconstitutionnalité* permet d'écarter la loi invoquée du litige en cours. Bien plus, une disposition déclarée inconstitutionnelle sur le fondement de l'article 61-1 est abrogée à compter de la publication de la décision du Conseil constitutionnel ou d'une date ultérieure fixée par cette décision.

2. **Les sources internationales**

(A) *Les traités et accords internationaux.* – Un traité international est négocié et ratifié par le président de la République. Un accord international n'est en revanche pas soumis à la ratification de celui-ci, qui doit seulement être tenu informé de sa négociation. Certains traités (les traités de paix, les traités de commerce ou encore les traités qui engagent les finances de l'État) ne peuvent être ratifiés ou approuvés qu'en vertu d'une loi.

Si le Conseil constitutionnel, saisi par le président de la République, par le Premier ministre, par le président de l'une ou l'autre assemblée ou par 60 députés ou 60 sénateurs, a déclaré qu'un engagement international comportait une clause contraire à la Constitution, l'autorisation de ratifier ou d'approuver l'engagement international en cause ne peut intervenir qu'après révision de la Constitution.

Un traité ou accord régulièrement ratifié par la France est en principe d'applicabilité directe, c'est-à-dire qu'il peut être invoqué par les justiciables devant les tribunaux. Par exception, certains traités ne créent d'obligations qu'à la charge des États signataires et ne peuvent donc être invoqués par des requérants. Seul l'État est alors obligé par le traité, c'est-à-dire qu'il doit en respecter les objectifs et les dispositions et doit, le cas échéant, procéder à une modification du droit interne pour mettre celui-ci en conformité avec les obligations souscrites au niveau international.

Selon l'article 55 de la Constitution : « Les traités ou accords régulièrement ratifiés ou approuvés ont, dès leur publication, une autorité supérieure à celle des lois. » Dans la hiérarchie des normes, les sources internationales sont donc au-dessous de la Constitution, mais au-dessus des lois nationales, et le Parlement ne peut déroger à un traité ou un accord international. En cas de contradiction entre les deux normes, le traité international doit donc prévaloir sur la loi interne, même postérieure.

Le même article précise que cette autorité supérieure des traités est reconnue « sous réserve, pour chaque accord ou traité, de son application par l'autre partie ». C'est ce que l'on appelle la *condition de réciprocité*. Tout État signataire d'un traité ou accord international peut refuser de l'appliquer si l'autre partie ne le respecte pas lui-même. La condition de réciprocité ne peut cependant pas être invoquée en matière de traités relatifs aux droits de l'homme ou encore pour les conventions de l'Organisation internationale du travail (OIT) ; la violation de ces accords par l'un des pays signataires n'autorise donc pas les autres à en faire autant.

Le Conseil constitutionnel s'est déclaré incompétent pour contrôler la conformité des lois aux traités internationaux bien que ceux-ci aient, dans la hiérarchie des normes, une valeur supérieure aux lois (décision du 15 janvier 1975 sur la loi relative à l'interruption volontaire de grossesse). Selon lui, une loi contraire à un traité n'est pas pour autant nécessairement contraire à la Constitution, car la supériorité reconnue aux traités sur les lois par l'article 55 « présente un caractère à la fois relatif et contingent » : relatif parce qu'elle dépend du domaine d'application de la loi par rapport au traité, et contingent car, par le jeu de la clause de réciprocité, elle dépend de l'application du traité par l'autre partie. Ce sont donc les juridictions ordinaires – judiciaires et administratives – qui effectuent ce *contrôle de conventionnalité des lois*.

(B) *Les sources européennes.* – Il ne faut pas confondre le droit issu de l'Union européenne avec celui qui est mis en place par le Conseil de l'Europe.

(a) Le droit de l'Union européenne. – L'Union européenne trouve son origine dans la Communauté économique européenne (CEE) instituée par le traité de Rome du 25 mars 1957 entre 6 pays fondateurs (Belgique, France, Italie, Luxembourg, Pays-Bas et République fédérale d'Allemagne). Depuis le « Brexit » du Royaume-Uni rendu effectif au 1er janvier 2021, elle ne comprend plus que 27 membres. Plusieurs autres traités ont contribué à sa construction progressive : l'Acte unique européen de 1986 ; le traité de Maastricht de 1992 qui a créé l'Union européenne ; le traité d'Amsterdam de 1979 ; le traité de Nice de 2001 ; et, en dernier lieu, le traité « simplifié » de Lisbonne, signé le 13 décembre 2007, après le

rejet du projet de Constitution européenne. Ces traités ont été refondus, et les traités actuellement en vigueur sont le traité sur l'Union européenne (TUE), qui est le traité constitutif de l'Union européenne (anciennement traité de Maastricht), et le traité sur le fonctionnement de l'Union européenne (TFUE) qui, avant l'entrée en vigueur en 2009 du traité de Lisbonne, portait le nom de traité instituant la Communauté européenne (traité CE ou traité de Rome).

L'Union européenne comprend plusieurs institutions.

La *Commission*, composée d'un ressortissant de chaque État membre, a pour mission de défendre l'intérêt général de l'Union européenne en tant que telle, en dépassant donc les intérêts des différents États membres. Elle joue à la fois certains rôles de l'exécutif (veiller à l'application des traités, exécuter le budget et gérer les programmes, ou encore assurer la représentation extérieure de l'Union) et un pouvoir législatif (un acte législatif ne peut être adopté que sur proposition de la Commission).

Le *Conseil européen* comprend les chefs d'États et de gouvernements des États membres, son président, ainsi que le président de la Commission. Il définit la politique de l'Union. Plus précisément, comme l'énonce le traité sur l'Union européenne, il « donne à l'Union les impulsions nécessaires à son développement et en définit les orientations et les priorités politiques générales. Il n'exerce pas de fonction législative ».

Le *Conseil de l'Union européenne* est une sorte de Conseil des ministres. Il est composé d'un représentant de chaque État membre au niveau ministériel, habilité à engager le gouvernement de l'État qu'il représente et à exercer le droit de vote. La composition varie selon les dossiers : il peut réunir les ministres des Affaires étrangères ou encore les ministres de l'Agriculture. Il exerce, conjointement avec le Parlement européen, les fonctions législative et budgétaire.

Le *Parlement européen* a vu ses pouvoirs renforcés afin d'introduire davantage de démocratie dans l'Union européenne. Il a fallu pour cela accroître sa légitimité : depuis 1979, ses membres sont élus pour cinq ans au suffrage universel direct. Des élections sont organisées dans chaque pays, avec néanmoins quelques principes communs. Il n'est pas encore possible de qualifier le Parlement de législateur de l'Union européenne même si, progressivement, il s'est vu reconnaître un certain rôle dans la procédure législative et a acquis un pouvoir de « codécision ». Le Parlement exerce aussi des fonctions de contrôle politiques et consultatives. Le Conseil et la Commission doivent le tenir informé de certains dossiers. Il élit le président de la Commission.

L'Union européenne comprend plusieurs juridictions. D'abord la *Cour de justice de l'Union européenne* (CJUE) qui siège à Luxembourg et est compétente pour statuer sur les recours formés par un État membre, une institution de l'Union ou des personnes physiques ou morales, en cas de violation des traités constitutifs par l'une des institutions européennes ou en cas de litige mettant en cause un État membre. Par une décision du Conseil du 24 octobre 1988 a en outre été créé un *tribunal de première instance* siégeant également à Luxembourg.

Les normes européennes se composent des *traités constitutifs* et de ce qu'on appelle le *droit dérivé* : les *règlements* (ils ont une portée générale, sont obligatoires dans tous leurs éléments et sont directement applicables dans tout État membre) ; les *directives* (qui lient les États membres destinataires quant au résultat à atteindre, tout en laissant aux instances nationales la compétence quant à la forme et aux moyens pour les « transposer », c'est-à-dire les introduire dans les législations nationales par le biais de normes internes) ; les *décisions* (obligatoires pour leurs destinataires) ; enfin les *recommandations* et les *avis* (qui ne lient pas).

Le 7 décembre 2000 a été proclamée à Nice une *Charte des droits fondamentaux de l'Union européenne.* Cette Charte est précieuse dans la mesure où, à la différence de la Convention européenne des droits de l'homme, elle contient non seulement des droits civils et politiques, mais encore des droits économiques et sociaux : par exemple des droits à l'information et à la consultation des travailleurs, des droits de négociation et d'action collective, le droit à des conditions de travail justes et équitables, ou encore le droit à la protection de l'environnement ou des consommateurs. Mais les institutions européennes n'ont eu de cesse d'en minimiser la portée juridique. Déjà, la Charte elle-même prévoyait dans son article 51 qu'elle ne s'appliquait aux États membres que lorsque ceux-ci mettaient en œuvre le droit de l'Union (une législation d'origine nationale n'aurait en revanche pas à respecter ladite Charte). Le traité sur l'Union européenne dispensait en outre expressément le Royaume-Uni et dispense encore la Pologne de l'application de certaines dispositions de la Charte (les droits sont fondamentaux, mais on peut s'en dispenser...). La CJUE a terminé le travail de sape : dans un arrêt du 15 janvier 2014, elle a jugé, à propos des contrats initiative-emploi, que l'article 27 de la Charte établissant un cadre général relatif à l'information et la consultation des travailleurs ne pouvait pas être invoqué dans un litige entre particuliers pour écarter une disposition nationale qui transposait pourtant une directive européenne. La sentence est claire : les principes sociaux, ou tout au moins la plupart d'entre eux, doivent rester largement décoratifs.

(b) Le droit du Conseil de l'Europe. – Le Conseil de l'Europe a été créé à Londres le 5 mai 1949 pour

favoriser un espace démocratique et juridique commun en Europe. Le Conseil de l'Europe comprenait à l'origine 10 membres, et il en compte aujourd'hui 47 (dont la Russie, l'Ukraine, ou encore la Turquie). Il a adopté plusieurs conventions (225 à la fin 2020) relatives aux droits fondamentaux.

La plus célèbre est la *Convention de sauvegarde des droits de l'homme et des libertés fondamentales*, signée à Rome le 4 novembre 1950 et entrée en vigueur le 3 septembre 1953 (ratifiée par la France en mai 1974). Elle contient une liste de droits et de libertés fondamentaux, complétée par des protocoles additionnels (16 au total à ce jour). Elle est directement applicable et peut donc être invoquée par les particuliers dans un procès. Elle a en outre, comme tous les textes internationaux, une valeur supérieure à la loi, et le juge peut donc écarter du litige une loi qui lui serait contraire, ce qu'il a fait maintes fois. D'autant que, avant l'introduction de la question prioritaire de constitutionnalité, elle était presque la seule façon d'écarter du litige une loi contraire à un droit fondamental. La Cour de cassation a ainsi jugé que l'article 8 de la Convention européenne des droits de l'homme prévoyant un droit au respect de la vie privée interdit à un employeur d'ordonner à un salarié un changement de domicile en cas de modification de sa région d'activité, ou encore que les clauses d'un bail d'habitation ne peuvent avoir pour effet de priver le preneur de la possibilité d'héberger ses proches, en particulier le père de ses enfants ou sa sœur. L'Assemblée plénière de la Cour de cassation a également jugé que « pour que le droit à un procès équitable consacré par l'article 6 § 1 de la Convention de sauvegarde des droits de l'homme et des libertés fondamentales soit effectif et concret, il faut, en règle générale, que la personne placée en garde à vue puisse bénéficier de l'assistance d'un avocat dès le début de la mesure et pendant ses interrogatoires ».

La grande originalité de la Convention européenne des droits de l'homme est le mécanisme mis en place pour assurer son respect. Une *Cour européenne des droits de l'homme* (CEDH) a ainsi été instituée, composée d'un nombre de juges égal à celui des États contractants. Les juges sont élus pour une durée de 6 ans et sont rééligibles. La grande majorité des arrêts de la Cour sont rendus par des chambres composées de 7 juges. Un rôle de filtrage est confié à un comité de 3 juges chargé de traiter les requêtes manifestement irrecevables. Une Grande Chambre a été créée. Composée de 17 juges, elle est chargée de traiter les affaires soulevant une question grave relative à l'interprétation de la Convention ou de ses protocoles, ou présentant un risque de contradiction avec un arrêt rendu antérieurement par la Cour.

La procédure peut être engagée par les États membres qui veillent ainsi à l'application de la Convention par les autres États et peuvent intenter un recours même s'ils n'ont pas été les victimes de la violation. Les États sont cependant réticents à exercer une telle ingérence qui risquerait, en retour, de provoquer un certain zèle à leur encontre.

Les particuliers ont également un droit d'action individuel, c'est-à-dire le droit de se plaindre directement d'une violation de la Convention sans avoir à passer par leur propre État, ce qui est opportun dans la mesure où c'est souvent à l'encontre de celui-ci qu'ils souhaitent exercer un recours. Ce *droit de recours individuel* supposait au départ que l'État dont le requérant est ressortissant l'ait admis pour ses nationaux. La France l'a ainsi autorisé en octobre 1981. Le protocole n° 11 du 1er novembre 1998 a cependant rendu obligatoire ce droit de recours individuel qui est désormais ouvert à toute personne physique (sans aucune condition de nationalité, de résidence ou de capacité) ou morale.

Pour être recevable, la requête doit remplir certaines conditions. En particulier, elle ne peut être présentée qu'après épuisement des voies de recours internes, c'est-à-dire après qu'on soit sûr de la violation de la Convention par l'État considéré. La requête doit être présentée dans les 6 mois de la décision interne définitive (il est prévu une réduction à 4 mois dans le protocole n° 15 ratifié par la France et qui entrera prochainement en vigueur). Enfin, la violation alléguée doit être relative à un droit protégé par la Convention et être dirigée contre un État partie à la Convention.

La Cour qui constate la violation d'une disposition de la Convention ne peut annuler la décision incriminée ni même ordonner des mesures positives ou adresser des injonctions à l'État concerné, qui doit lui-même remédier à la violation constatée. Les États s'engagent cependant à se conformer aux arrêts de la Cour dans les litiges auxquels ils sont parties. Une question s'est posée en raison du principe de l'autorité de la chose jugée des décisions de justice : l'État condamné peut modifier la loi qui a conduit à la décision critiquée, mais qu'en est-il pour les parties en cause ? Une loi du 15 juin 2000 a institué une procédure de réexamen d'une décision pénale consécutive au prononcé d'un arrêt de la CEDH. La loi de modernisation de la justice du XXIe siècle du 18 novembre 2016 introduit également, dans le Code de l'organisation judiciaire, une procédure de réexamen en matière civile, mais uniquement en matière d'état des personnes et à la condition que, « par sa nature et sa gravité, la violation constatée entraîne, pour cette personne, des conséquences dommageables auxquelles la satisfaction équitable accordée en application de l'article 41 de la même convention ne pourrait mettre un terme ».

L'article 41 de la Convention prévoit que si la Cour constate une violation de la Convention, elle peut, si elle l'estime nécessaire, accorder à la partie lésée une « satisfaction équitable », en pratique des dommages-intérêts.

Un protocole n° 16 permet aux plus hautes juridictions des pays signataires d'adresser à la CEDH des demandes d'avis consultatifs sur des questions de principe relatives à l'interprétation ou à l'application des droits et libertés définis par la Convention ou ses protocoles. Il a été ratifié par la France et est entré en vigueur le 1er août 2018.

La Convention européenne des droits de l'homme contient une liste de droits et libertés fondamentaux : droit à la vie, interdiction de la torture, interdiction de l'esclavage et du travail forcé, droit à la liberté et à la sûreté, droit à un procès équitable, principe de la légalité des délits et des peines, droit au respect de la vie privée et familiale, liberté de pensée, de conscience et de religion, liberté d'expression, liberté de réunion et d'association, droit au mariage, droit à un recours effectif et l'interdiction de discrimination. Elle a été complétée par plusieurs protocoles additionnels.

Si la Cour refuse parfois de condamner un pays membre en invoquant l'absence de consensus entre les pays européens et donc la marge d'appréciation qu'il convient de leur laisser, on lui reproche cependant souvent d'empiéter sur des choix de nature politique, et de faire prévaloir une interprétation très individualiste des droits de l'homme qui est loin d'être universelle. Pour justifier de sa compétence, elle a en outre tendance à qualifier tous les droits de droits de l'homme, ce qui conduit à galvauder la notion de droits fondamentaux. Le protocole n° 15 précité réaffirme pourtant qu'il incombe au premier chef aux pays signataires de faire respecter les droits et libertés prévus dans la Convention et que le rôle de la Cour européenne des droits de l'homme n'est qu'un rôle subsidiaire de contrôle, laissant aux États une marge d'appréciation.

Alors même que l'article 6 du traité sur l'Union européenne prévoit que « l'Union adhère à la Convention européenne de sauvegarde des droits de l'homme et des libertés fondamentales », la CJUE, craignant sans doute le potentiel subversif des droits de l'homme, et aussi la concurrence de la CEDH a jugé, dans un avis du 18 décembre 2014, que cette adhésion « n'est pas compatible avec le droit de l'Union ». L'adhésion à la Convention européenne des droits de l'homme se trouve ainsi enterrée.

3. **La loi.** – En France, la loi demeure la source symbolique du droit, même si elle est aujourd'hui concurrencée de toutes parts. Elle est souvent codifiée, avec l'ambition de donner une meilleure visibilité et de permettre une meilleure accessibilité au droit. Les codes se sont ainsi multipliés dans tous les domaines[1].

(A) *Le domaine de la loi.* – Au sens large, le mot « loi » est synonyme d'une règle de droit qui s'impose à tous. On dira « la loi interdit de faire ceci ou cela » même lorsque, en toute rigueur, c'est la Constitution qui l'interdit ou un simple décret. Dans un sens plus précis, la loi est une règle de droit émanant du Parlement (art. 34 Constit. : « la loi est votée par le Parlement »). Certaines lois sont qualifiées pour les différencier des lois ordinaires : ainsi, les lois organiques sont des lois qui complètent la Constitution et qui sont soumises à une procédure

1. Les codes sont les outils de base de travail des juristes. Ils sont présentés sous forme d'articles diversement numérotés : de 1 à 2 534 pour le Code civil ou de L. 1 à L. 8331-1 (partie législative), R. 1111-1 *sq.* (décrets en Conseil d'État) et D. 1143-2 *sq.* (décrets simples) pour le Code du travail. Les éditeurs de ces codes mentionnent, sous chaque article, les principales interprétations jurisprudentielles y afférant, sans que cet ajout n'ait rien d'officiel.

d'adoption particulière (en particulier elles ne peuvent être promulguées qu'après déclaration par le Conseil constitutionnel de leur conformité à la Constitution).

La grande nouveauté de la Constitution de la Ve République de 1958 était que la loi, jusque-là souveraine, se voyait désormais assigner un domaine, certes large, mais énoncé de façon limitative. Dans certains domaines, la loi « fixe les règles » : les droits civiques et les garanties fondamentales accordées aux citoyens pour l'exercice des libertés publiques (auxquelles la loi constitutionnelle du 23 juillet 2008 a ajouté « la liberté, le pluralisme et l'indépendance des médias ») ; la nationalité, l'état et la capacité des personnes, les régimes matrimoniaux, les successions et libéralités ; la détermination des crimes et délits ainsi que les peines qui leur sont applicables ; la procédure pénale ; l'assiette, le taux et les modalités de recouvrement des impositions de toutes natures, etc. Dans d'autres domaines, elle ne fait que « détermine[r] les principes fondamentaux » (en pratique, la formule est comprise de façon très extensive) : le régime de la propriété, des droits réels et des obligations civiles et commerciales, ou encore le droit du travail, le droit syndical et la sécurité sociale.

(B) *L'adoption de la loi.* – S'agissant des lois ordinaires, leur initiative appartient concurremment au Premier ministre et aux membres du Parlement. Dans le premier cas, on parle de « projets » de loi, dans le second de « propositions » de loi. Les projets de loi sont délibérés en Conseil des ministres après avis du Conseil d'État et déposés sur le bureau de l'une des deux assemblées.

Tout projet ou proposition de loi doit être examiné successivement par les deux assemblées en vue de l'adoption d'un texte identique. Lorsque, par suite d'un désaccord entre elles, un projet ou une proposition de loi n'a pu être adopté après deux lectures par chaque assemblée ou, si le gouvernement a déclaré l'urgence, après une seule lecture par chacune d'entre elles, le Premier ministre a la faculté de provoquer la réunion d'une *commission mixte paritaire* chargée de proposer un texte sur les dispositions restant en discussion. Ce texte peut être soumis par le gouvernement pour approbation aux deux assemblées. Si ce texte n'est pas adopté par les deux assemblées, ou si la commission mixte ne parvient pas à l'adoption d'un texte commun, le gouvernement peut, après une nouvelle lecture par l'Assemblée nationale et par le Sénat, demander à l'Assemblée nationale de statuer définitivement.

(C) *L'application de la loi dans le temps*

(a) L'entrée en vigueur de la loi. – Pour entrer en vigueur, une loi doit être *promulguée* par le président de la République dans les quinze jours qui suivent la transmission au gouvernement de la loi définitivement adoptée. Celui-ci peut, avant l'expiration de ce délai, demander au Parlement une nouvelle délibération de la loi ou de certains de ses articles ; cette nouvelle délibération ne peut être refusée. Cette possibilité n'a cependant été utilisée que de façon exceptionnelle. Le décret de promulgation fixe la date de la loi : ainsi, la loi n° 2004-439 du 26 mai 2004 relative au divorce a été promulguée le 26 mai 2004, et ce fut la 439e loi à l'être pour l'année 2004.

La promulgation est une condition nécessaire, mais non suffisante de l'entrée en vigueur d'une loi. Celle-ci est en effet subordonnée à sa *publication*. L'article 1er du Code civil dispose ainsi que les lois entrent en principe en vigueur à la date qu'elles fixent ou, à défaut, le lendemain de leur publication. Toutefois, l'entrée en vigueur de celles de leurs dispositions dont l'exécution nécessite des mesures d'application (par exemple des décrets d'application) est reportée à la date d'entrée en vigueur de ces mesures, sauf urgence.

Il existe un *Journal officiel* qui, depuis le 1er janvier 2016, n'est plus édité que sous forme électronique, disponible sur le site *Légifrance*.

À compter de sa publication, la loi est censée être connue de tous : *nemo legem ignorare censetur*. L'adage signifie que les citoyens ne peuvent pas se prévaloir de leur ignorance de la loi pour échapper à son application.

(b) La cessation de la validité de la loi. – La loi cesse d'être valable lorsqu'elle est abrogée. L'abrogation doit, pour produire son effet, émaner de la même autorité que celle qui a adopté le texte abrogé (ou une autorité supérieure). L'abrogation peut être expresse ou tacite.

Certaines lois disparaissent automatiquement. En particulier, les *lois* dites *de circonstances*, prises pour une circonstance particulière (la guerre par exemple) et qui cessent avec celle-ci. La solution semble un peu oubliée pour les lois de circonstances contemporaines, que ces dernières soient liées au terrorisme ou à des pandémies, et les mesures exceptionnelles sont plus ou moins discrètement pérennisées.

Certaines lois sont dites *expérimentales*. Il s'agit de voter une loi tout en indiquant que, au bout d'un certain délai, il sera procédé à son évaluation pour décider s'il faut ou non la rendre pérenne, le cas échéant en la modifiant. Si une nouvelle loi n'est pas adoptée, la loi expérimentale cesse en principe automatiquement d'être en vigueur. Étaient ainsi des lois expérimentales la loi sur l'interruption volontaire de grossesse, la loi sur le revenu minimum d'insertion, ou encore les lois de bioéthique.

(c) Les conflits de lois dans le temps. – La succession de deux lois sur une même matière soulève la question de leur application dans le temps (problème du droit

transitoire). Aux termes de l'article 2 du Code civil : « La loi ne dispose que pour l'avenir ; elle n'a point d'effet rétroactif. »

– *Le principe de non-rétroactivité de la loi nouvelle.* Ce principe n'a pas la même portée en matière pénale et en matière civile.

En matière pénale, le principe de non-rétroactivité de la loi a valeur constitutionnelle, puisqu'il est prévu à l'article 8 de la Déclaration des droits de l'homme et du citoyen de 1789 (« Nul ne peut être puni qu'en vertu d'une loi établie et promulguée antérieurement au délit, et légalement appliquée »). Ce principe est un principe de faveur pour le délinquant. Il connaît une exception : la loi pénale plus douce, pour laquelle il y a au contraire rétroactivité *in mitius* (du latin *mitis*, doux) qui est également un principe à valeur constitutionnelle. Cette rétroactivité suppose que les faits commis antérieurement à l'entrée en vigueur de la loi plus douce n'ont pas encore donné lieu à une décision passée en force de chose jugée au jour où cette loi nouvelle entre en vigueur. Certaines lois de procédure sont également applicables immédiatement.

En matière civile, le principe de non-rétroactivité de la loi est posé par l'article 2 du Code civil. Il a donc valeur législative. Il ne s'impose dès lors pas au législateur qui peut, dans des dispositions transitoires expresses, prévoir la rétroactivité de la loi. Certaines lois sont même par nature rétroactives : les lois *interprétatives*, adoptées pour lever une ambiguïté d'une loi antérieure, ou encore les lois dites *de validation*, qui viennent rétroactivement valider un acte ou un concours entachés d'illégalité.

En application du droit à un procès équitable prévu par l'article 6 de la Convention européenne des droits de l'homme, la CEDH a posé quelques principes limitant la rétroactivité de la loi. Dans un arrêt fondateur de 1999 (*Zielinski c/ France*), elle a affirmé que « si, en principe, le pouvoir législatif n'est pas empêché de réglementer en matière civile, par de nouvelles dispositions à portée rétroactive, des droits découlant de lois en vigueur, le principe de la prééminence du droit et la notion de procès équitable consacrés par l'article 6 s'opposent, sauf pour d'impérieux motifs d'intérêt général, à l'ingérence du pouvoir législatif dans l'administration de la justice dans le but d'influer sur le dénouement judiciaire du litige ». La solution a été également consacrée par le Conseil constitutionnel.

– *Le principe de l'application immédiate de la loi nouvelle.* Selon l'article 2 du Code civil, « la loi ne dispose que pour l'avenir ». On en déduit l'application immédiate de la loi nouvelle pour le futur, tandis que tout ce qui est passé reste soumis à la loi ancienne.

Ce principe connaît quelques exceptions dans lesquelles il y a *survie de la loi ancienne.*

L'application de la loi nouvelle peut ainsi être différée en vertu de mesures transitoires expresses, prévoyant que la loi ancienne continuera à s'appliquer pendant un certain temps.

De même, en matière contractuelle, le principe est la survie de la loi ancienne : cette dernière continue de régir les effets futurs (c'est-à-dire postérieurs à l'entrée en vigueur de la loi nouvelle) des contrats en cours. La solution s'explique par la nécessité de respecter les prévisions des parties : si les parties avaient su que leur contrat aurait, en vertu d'une loi nouvelle, des effets différents, elles ne l'auraient peut-être pas conclu. On en revient cependant au principe de l'application immédiate de la loi nouvelle lorsqu'il apparaît nécessaire d'uniformiser des situations similaires qui relèvent d'un statut plus que d'un contrat : par exemple en matière de contrat de travail, où les salariés d'une même entreprise ne doivent pas être soumis à des statuts différents selon la date de conclusion de leur contrat.

4. **Les règlements.** – Au sens large, les règlements sont les sources émanant du pouvoir exécutif.

(A) *Les ordonnances.* – L'article 38 de la Constitution prévoit, à titre exceptionnel, la possibilité d'une délégation du pouvoir législatif au gouvernement. Celui-ci peut, pour l'exécution de son programme, demander au Parlement l'autorisation de prendre par ordonnances, pendant un délai limité, des mesures qui sont normalement du domaine de la loi. Ces ordonnances sont prises en Conseil des ministres après avis du Conseil d'État. Elles entrent en vigueur dès leur publication, mais deviennent caduques si un projet de loi de ratification n'est pas déposé devant le Parlement avant la date fixée par la loi d'habilitation. Jusqu'à la ratification, l'ordonnance n'avait en principe que valeur réglementaire. Dans une décision du 28 mai 2020, le Conseil constitutionnel a cependant admis que les dispositions intervenues dans les matières qui relèvent du domaine législatif n'ont plus à être ratifiées pour avoir une valeur législative. Le gouvernement utilise de plus en plus souvent le mécanisme des ordonnances, en dehors même de toute urgence, pour modifier des pans entiers de la loi : il a ainsi réformé tout le droit de la filiation par une ordonnance du 4 juillet 2005, tout le droit des contrats par une ordonnance du 10 février 2016, ou encore tout le droit du travail par deux ordonnances des 22 septembre et 20 décembre 2017.

(B) *Les règlements* stricto sensu. – La grande nouveauté de la Constitution de 1958 avait été de donner à la loi un domaine d'intervention certes large, mais qui était un domaine d'attribution : selon l'article 37 de la Constitution, tout ce qui n'est pas du domaine de la loi tel que limitativement énuméré par l'article 34 est du domaine du règlement : le règlement est donc désormais la catégorie ouverte. Si une loi intervient dans un domaine relevant du règlement, ses dispositions peuvent être modifiées par décret après que le Conseil constitutionnel aura déclaré qu'elles ont effectivement un caractère réglementaire.

On distingue en fonction de l'auteur de l'acte et par ordre de valeur décroissant : les décrets du président de la République délibérés en Conseil des ministres ; les décrets (simples) du président de la République ; les décrets du Premier ministre ; les arrêtés interministériels ; les arrêtés ministériels ; les arrêtés préfectoraux ; les arrêtés municipaux.

La place du règlement dans la hiérarchie des normes dépend du domaine dans lequel celui-ci est intervenu. Le règlement peut d'abord compléter et préciser la loi dans les domaines, définis par l'article 34, où celle-ci ne fait que déterminer les principes fondamentaux : ce sont les *règlements d'application* qui ont une place inférieure à la loi dans la hiérarchie des normes. Des *règlements* dits *autonomes* peuvent également être adoptés dans les domaines qui ne relèvent pas de la loi, mais du pouvoir réglementaire (art. 37), et ils sont alors placés au même niveau que la loi dans la pyramide des normes, et une loi ne peut les modifier.

Le gouvernement délègue parfois son pouvoir à des *autorités administratives indépendantes*, lesquelles ont tendance à se multiplier : on peut citer l'AMF (Autorité des marchés financiers), le CSA (Conseil supérieur de l'audiovisuel), la CNIL (Commission nationale de l'informatique et des libertés), ou encore la Haute Autorité pour la diffusion des œuvres et la protection des droits sur Internet (HADOPI). La réforme constitutionnelle du 23 juillet 2008 a introduit dans la Constitution (art. 71-1) le défenseur des droits, dont les attributions reprennent celles du médiateur de la République, du défenseur des enfants, de la Haute Autorité de lutte contre les discriminations et pour l'égalité (HALDE) et de la Commission nationale de déontologie de la sécurité (CNDS). Dans le domaine précis de leurs compétences, ces autorités ont un pouvoir réglementaire délégué, c'est-à-dire qu'elles peuvent édicter des décisions qui s'imposeront aux administrés.

5. **La jurisprudence.** – La jurisprudence est l'ensemble des décisions des juridictions qui font autorité sur un point de droit donné. Par métonymie, elle vise les principes juridiques dégagés et dont on dit précisément qu'ils « font jurisprudence ». Compte tenu de la hiérarchie juridictionnelle, la jurisprudence émane principalement des juridictions supérieures de chaque ordre (Cour de cassation, Conseil d'État et Conseil constitutionnel).

En France, et dans l'esprit de la théorie de la séparation des pouvoirs, le pouvoir législatif est chargé d'édicter la loi, tandis que le pouvoir exécutif est chargé de l'appliquer sous le contrôle du pouvoir judiciaire. L'article 16 de la Déclaration des droits de l'homme et du citoyen affirme l'importance du principe : « Toute société dans laquelle [...] la séparation des pouvoirs [n'est pas] déterminée, n'a point de Constitution ». Selon le mot célèbre de Montesquieu, qui avait théorisé la séparation des pouvoirs comme garantie de la démocratie, le juge est « la bouche de la loi ». Son rôle est d'appliquer la loi, générale et abstraite, aux cas particuliers qui lui sont soumis. Les parlements de l'Ancien Régime, qui avaient notamment le rôle de juges, avaient souvent abusé de leur pouvoir, et un adage disait : « Méfions-nous de l'équité des parlements. » Le Code civil de 1804 avait alors clairement entendu limiter le pouvoir des juges. Il interdit ainsi théoriquement les arrêts de règlement par lesquels les juges entendraient poser une règle nouvelle générale applicable dans tous les litiges futurs (art. 5 C. civ. : « Il est défendu aux juges de prononcer par voie de disposition générale et réglementaire sur les causes qui leur sont soumises »). Officiellement, les juges se voyaient ainsi dénier la possibilité d'énoncer des principes généraux applicables au-delà du litige qu'ils ont à trancher, et donc de créer du droit. Le texte est inchangé, mais, par des voies diverses, il est aujourd'hui acquis que, dans certaines limites (B), la jurisprudence est source de droit (A). La Cour de cassation entend cependant réformer sa façon de faire (C).

(A) *Les marges de l'interprétation de la loi.* – La fonction même de juger implique la création de droit. L'application d'une règle générale à un cas concret précis nécessite en effet toujours d'interpréter la loi. Le tissu juridique est tel que, dans la plupart des affaires, des arguments sérieux peuvent être et sont effectivement présentés par les deux parties. La loi n'ayant pas prévu tous les cas (elle ne le pourrait pas), le juge se voit aux prises avec des cas particuliers où on peut souvent hésiter sur la solution résultant de la loi applicable. Le juge doit alors trancher en faveur de l'une ou de l'autre interprétation, et, ce faisant, son interprétation complète la loi et affine donc la règle de droit.

Le juge est en outre obligé de trancher même si la loi n'est pas claire et même d'ailleurs s'il n'y a pas de loi applicable au litige. L'article 4 du Code civil interdit et punit en effet le déni de justice : « Le juge qui refusera de juger, sous prétexte du silence, de l'obscurité ou de l'insuffisance de la loi, pourra être poursuivi comme coupable de déni de justice. » Si, dans le langage courant, on peut parfois dire qu'il y a un « vide juridique » lorsque aucune loi précise ne règle le cas particulier qui survient, la notion n'a pas de sens en droit. La loi n'est en effet pas la seule règle juridique, et le « vide législatif » n'implique pas pour autant un « vide juridique ». Le droit contient en effet de multiples règles générales ou principes généraux qui peuvent toujours être invoqués dans un litige : ainsi, avant que la pratique des mères porteuses ne soit interdite par le législateur en 1994, la Cour de cassation, saisie d'une telle affaire en 1991, avait déclaré cette pratique illégale, en se fondant notamment sur l'interdiction de conclure des contrats contraires à l'ordre public et de détourner les mécanismes de l'adoption.

La jurisprudence est ainsi source de règles générales. Les juges de la Cour de cassation rendent au demeurant parfois des arrêts dits « de principe », contenant un « chapeau », c'est-à-dire l'énoncé d'une règle abstraite et donc généralisable.

Une autre preuve de la création de droit par les juges peut encore être trouvée dans la possibilité que ceux-ci ont de procéder à des revirements de jurisprudence. De nombreux arrêts de la Cour de cassation rompent ainsi avec la jurisprudence antérieure et, si l'état du droit est différent avant et après un arrêt, c'est bien la preuve que celui-ci a été source de droit. La Cour de cassation a d'ailleurs jugé que « la sécurité juridique [...] ne saurait consacrer un droit acquis à une jurisprudence figée, l'évolution de la jurisprudence relevant de l'office du juge dans l'application du droit » (Civ. 1re, 21 mars 2000, n° pourvoi : 98-11982). Dans un arrêt du 14 janvier 2010, *Atanasovski c. l'ancienne République Yougoslave de Macédoine*, la CEDH a cependant imposé aux juges, au nom du droit à un procès équitable, de motiver de façon plus substantielle tout revirement de jurisprudence.

La jurisprudence, par sa fonction même, est donc source de droit. Les décisions judiciaires sont obligatoires pour les justiciables comme toute autre règle de droit. Certes, il y a un principe d'autorité relative de la chose jugée (la chose jugée n'a d'autorité qu'entre les parties au litige). Il n'en demeure pas moins qu'une jurisprudence constante s'appliquera à tous les justiciables, même si ceux-ci peuvent espérer un revirement, mais de même qu'ils pourraient espérer une modification législative.

(B) *Les limites de l'interprétation de la loi.* – Tout cela ne signifie pas pour autant que les juges peuvent « faire la loi », au sens plein et polysémique de l'expression.

Pour reprendre l'image du philosophe du droit américain Ronald Dworkin (1931-2013), le travail du juge pourrait se comparer à celui d'un écrivain participant à un roman collectif (*a chain novel*) : chaque juge doit, à tour de rôle, rédiger un chapitre à la suite du précédent : il a donc une part de liberté pour imaginer la suite, mais il doit tenir compte des personnages et des intrigues déjà écrites pour s'y insérer harmonieusement.

(a) Les limites dans la formulation des règles jurisprudentielles. – N'étant officiellement que les interprètes de la loi, les juges n'ont pas toute liberté dans le contenu des règles qu'ils créent de fait. En particulier, ils ne peuvent pas en principe distinguer là où la loi ne distingue pas ; selon l'adage classique, *ubi lex non distinguit, nec nos distinguere debemus.* Dès lors, si une loi prévoit une règle en termes généraux, il n'est en principe pas permis de l'interpréter comme posant une distinction au sein de la catégorie générale visée. Cet adage ne les empêche cependant pas, en utilisant quelques astuces, d'instaurer des distinctions formellement non prévues par le législateur, avec certaines limites cependant : ils ne peuvent ainsi pas poser de seuils ou des montants qui relèveraient uniquement du pouvoir législatif.

(b) Les limites tenant à la répartition des pouvoirs entre le législateur et les juges. – Le Conseil constitutionnel veille

à ce que le législateur ne se décharge pas de son rôle sur les juridictions, en adoptant des dispositions volontairement trop floues. Dans une décision du 21 avril 2005, il a ainsi déclaré non conformes à la Constitution « les dispositions de portée normative incertaine ». Le principe de clarté de la loi et l'objectif de valeur constitutionnelle d'intelligibilité et d'accessibilité de la loi imposent au législateur d'adopter des dispositions suffisamment précises et des formules non équivoques afin de prémunir les sujets de droit contre une interprétation contraire à la Constitution ou contre le risque d'arbitraire. Le législateur ne doit ainsi pas « reporter sur les autorités administratives ou juridictionnelles le soin de fixer des règles dont la détermination n'a été confiée par la Constitution qu'à la loi ».

En outre, si le juge dispose incontestablement d'une marge d'interprétation créatrice de droit, c'est toujours sous le contrôle du gouvernement ou du législateur qui, face à une jurisprudence qu'ils désapprouvent, peuvent faire voter une loi qui imposera aux juges une modification de leur jurisprudence.

(c) Les limites liées à l'application des règles jurisprudentielles dans le temps. – La loi peut définir (dans certaines limites examinées ci-dessus) son champ d'application dans le temps, tandis que la jurisprudence est, par nature même, rétroactive : le juge étant censé ne faire qu'interpréter la loi, son interprétation, même nouvelle, est censée avoir toujours été contenue dans la loi, et elle s'applique donc à des faits par hypothèse antérieurs.

Lorsque la jurisprudence est constante, cette rétroactivité ne pose pas de problème de sécurité juridique, car les justiciables sont informés de la règle de droit qui leur sera appliquée. Lorsque en revanche le juge procède à un revirement de jurisprudence qu'il met immédiatement en œuvre, les justiciables se voient appliquer une règle nouvelle à laquelle ils ne pouvaient pas s'attendre.

Pour pallier cet inconvénient, et pour poser officieusement une date future à l'application de leur revirement, les juges peuvent annoncer celui-ci tout en trouvant une raison (manque d'une condition nouvellement posée par exemple) pour ne pas l'appliquer en l'espèce. Soutenus par quelques propositions doctrinales, les juges ont parfois voulu aller plus loin et s'arroger le pouvoir de moduler leurs décisions dans le temps en procédant, officiellement cette fois-ci, à des revirements pour l'avenir. Là encore sans attendre une loi qui les y autoriserait, le Conseil d'État puis la Cour de cassation ont parfois procédé ainsi au motif explicite que l'application immédiate d'une nouvelle règle dans l'instance en cours aboutirait à priver la victime d'un procès équitable au sens de l'article 6 § 1 de la Convention européenne des droits de l'homme.

(C) *Les réformes de la motivation et de la rédaction des décisions de la Cour de cassation.* – La Cour de cassation a décidé de modifier la façon de rédiger et de motiver ses arrêts. Il s'agit de les rendre plus lisibles en supprimant la rédaction sous forme d'attendus et en adoptant un style plus direct. Elle souhaite aussi enrichir la motivation de ses décisions, notamment pour ses arrêts les plus importants (revirements de jurisprudence, solutions de droit nouvelles, unification de la jurisprudence, ou encore mise en cause de droits fondamentaux). Il importe notamment d'expliquer pourquoi telle ou telle solution a été retenue, en citant le cas échéant les précédents afin de faire apparaître plus clairement l'évolution. Les juges peuvent ainsi désormais reconnaître ouvertement que l'état du droit a changé du fait de leur décision, alors qu'ils devaient auparavant faire « comme si » ils ne faisaient qu'interpréter la loi. Leur nouvelle façon de faire ne concerne pas seulement la forme mais aussi le fond (voir *infra* sur les transformations contemporaines du droit).

6. **Les usages.** – Les usages sont des pratiques et des façons de faire habituelles ayant acquis une certaine portée normative. Ils sont la preuve que la formation du droit peut aussi être spontanée.

(A) *Les différents types d'usages.* – Certains usages sont *géographiques*, c'est-à-dire liés à un territoire donné. Le Code civil en donne plusieurs exemples : on doit ainsi tenir compte des usages locaux, « constants et reconnus », pour déterminer la hauteur des clôtures entre propriétés voisines (art. 663) ou encore la distance à laquelle on peut planter les arbres, arbrisseaux et arbustes situés à la limite des propriétés voisines (art. 671).

D'autres usages sont *professionnels*. Ainsi, le Code de commerce prévoit qu'engage sa responsabilité le professionnel qui rompt brutalement une relation commerciale ancienne sans préavis suffisant par rapport aux usages du commerce. En droit du travail, les usages (par exemple une prime ou une pause) se voient reconnaître un caractère obligatoire dès lors qu'ils présentent des caractères de généralité, de constance et de fixité ; l'employeur qui entend dénoncer un usage doit respecter un délai de préavis suffisant. Certains usages sont propres aux professionnels du droit (notaires, avocats, administrations) et on parle alors souvent de *pratiques*.

Un usage prend parfois le nom de *coutume* lorsqu'il atteint un degré de généralité plus élevé, notamment lorsqu'il s'applique sur tout le territoire.

(B) *La valeur juridique des usages.* – Les usages tiennent souvent leur valeur juridique d'une délégation expresse de la loi : celle-ci, pour régler une question donnée, renvoie aux usages. La délégation de la loi est implicite lorsque, pour l'appréciation de certaines notions-cadres ou standards d'interprétation (la notion de bonne foi, ou encore celle de délai raisonnable), il est nécessaire de tenir compte des usages en la matière.

Certains usages acquièrent une force juridique de façon autonome, c'est-à-dire en dehors même de toute délégation de la loi. On parle d'ailleurs plutôt dans ce cas de coutume. Ces coutumes sont souvent dites *praeter legem* (à côté de la loi) dans la mesure où elles viennent compléter la loi. La question se pose de la validité des coutumes *contra legem*, c'est-à-dire de celles qui se développent en opposition à une loi : on peut ainsi faire état de la pratique des dons manuels, consistant en une remise de la main à la main d'objets mobiliers, valable malgré les dispositions de l'article 931 du Code civil exigeant la rédaction d'un acte notarié pour toute donation ; cette validité d'usage est cependant limitée aux donations de faible montant.

Il est classique d'énoncer qu'un usage ou une coutume acquiert une force juridique dès lors que la pratique considérée est relativement constante – « une fois n'est pas coutume » – (c'est l'élément matériel de la coutume) et que les gens pensent qu'elle est obligatoire (élément psychologique de la coutume). Par exemple, l'usage désormais légalisé et bilatéralisé selon lequel l'épouse utilisait le nom de son mari était très largement répandu en France, tant et si bien que beaucoup de personnes pensaient que cette pratique était légalement obligatoire.

7. **Les conventions.** – La loi accorde une grande place aux volontés individuelles pour régir certaines relations, tout au moins dans les matières qui ne sont pas indisponibles, et à la condition que les conventions conclues ne soient pas contraires à l'ordre public. Les *contrats* n'ont cependant en principe de force obligatoire que

pour les parties qui les ont conclus (principe de l'effet relatif des contrats).

Les *conventions collectives* de travail, conclues entre un employeur ou un groupement d'employeurs, d'une part, et en principe une ou plusieurs organisations syndicales, d'autre part, ont en revanche une portée normative, dans la mesure où elles sont obligatoires, non pas seulement pour les parties signataires (employeurs ou syndicats), mais pour tous les salariés des entreprises affiliées aux organisations patronales signataires, que les salariés de ces entreprises soient ou non eux-mêmes syndiqués. Les conventions collectives nationales sont même très souvent rendues obligatoires dans toutes les entreprises par un arrêté dit *d'extension* du ministre du Travail.

8. **La doctrine.** – Le terme de « doctrine » (qui vient du latin *doctor*, lui-même de *docere*, enseigner), au sens que nous allons développer ici, est propre à la discipline juridique et aussi à la France. En droit français donc, la doctrine désigne les auteurs qui s'expriment sur un point de droit. Elle peut englober un ensemble plus ou moins large d'auteurs, allant de l'ensemble des auteurs (« la doctrine unanime soutient que... ») à un groupe d'auteurs (« une partie de la doctrine soutient que... ») et peut parfois viser un auteur isolé, mais dont l'opinion compte particulièrement (« une doctrine soutient que... »).

En droit romain, la doctrine – ou plus exactement certains auteurs nommément désignés – était formellement source de droit par délégation de l'empereur. Il n'en est plus ainsi aujourd'hui, et la doctrine est simplement une source d'inspiration possible pour les différents tenants du pouvoir de créer le droit. Une opinion juridique vaut alors principalement par l'autorité de son auteur, mais l'autorité se mérite et aucune autorité n'est définitivement acquise.

Le rôle de la doctrine en droit est de plusieurs ordres. Elle aide d'abord à porter à la connaissance des justiciables certains éléments du droit (lois ou décisions de justice). Par ses commentaires, la doctrine aide à l'explicitation du contenu du droit, en mettant le doigt sur certaines difficultés d'application et en proposant des interprétations. En présentant l'état du droit positif (*de lege lata* : quant au droit tel qu'il est), la doctrine met aussi en lumière les modifications qu'elle estime opportunes (*de lege ferenda* : quant au droit tel qu'il devrait être modifié). La doctrine contribue enfin à la systématisation du droit : elle construit et reconstruit en permanence les concepts et les catégories pour intégrer les solutions et dispositions nouvelles dans un système ordonné qui apparaît comme la garantie d'un droit juste.

La doctrine n'est jamais neutre. Tout commentaire d'une loi ou d'une décision de justice, même s'il semble ne pas porter de jugement de valeur, en est déjà une forme de légitimation. Dans certains débats récents (affaire Perruche, euthanasie, ou encore ouverture du mariage aux couples de même sexe), certains ont soutenu que les juristes ne pourraient exprimer sur ces sujets que des opinions personnelles et subjectives. N'est-ce pas (faire) croire que, dans les autres débats, ils pourraient s'exprimer de façon « scientifique » et « objective » ? Il n'existe pourtant pas de question juridique qui puisse recevoir une solution unique, et dans laquelle un choix politique ou axiologique n'ait pas à être pris en considération. On le voit en droit des affaires, en droit du travail, et même en droit des contrats ou de la responsabilité civile. En outre, comme pour toutes les autres sciences humaines et sociales, l'observateur en droit ne peut jamais se prétendre en position de surplomb ni totalement extérieur à ce qu'il observe.

II. – Les transformations contemporaines du droit

Plusieurs mouvements de transformation contemporaine du droit peuvent être notés. Ils conduisent à la nécessité de repenser en profondeur ce qu'est le droit, la hiérarchie classique de ses sources et comment il peut opérer dans le monde d'aujourd'hui. Nous en développerons ici cinq.

1. **L'internationalisation du droit.** – La fin du XXe siècle a été marquée par une internationalisation accélérée du droit. Il n'est plus guère de domaine qui échappe à une réglementation ou à un contrôle supranational. Dans certaines matières, par exemple en droit de l'environnement, c'est plus de 80 % de la réglementation qui est d'origine internationale. Le droit européen est en particulier de plus en plus prégnant.

Les traditions juridiques sont en réalité assez éloignées les unes des autres, et leur mixage donne à voir des transformations dans la production des normes et l'articulation des sources du droit.

Dans la vision traditionnelle du droit français, qui partage ce point avec les autres cultures continentales, le droit s'énonce sous forme de règles posées *a priori*, souvent codifiées, et qu'il s'agira d'appliquer aux cas particuliers. Dans ce schéma, la méthode est plutôt déductive, et la figure centrale est celle du souverain législateur qui énonce la règle.

Le processus de globalisation est de plus en plus dominé par les pays de *common law* (Royaume-Uni, États-Unis ou la plupart des pays du *Commonwealth*) dans lesquels le mode de production du droit est différent. Le droit y est en effet pour l'essentiel un droit jurisprudentiel, c'est-à-dire un droit casuistique (la jurisprudence se dit en anglais *case-law*), et la figure centrale est alors celle du juge. La *common law* est gouvernée par le principe du précédent : à la différence du droit français, les juridictions anglaises sont liées tout à la fois par leurs propres décisions antérieures, mais aussi par celles que rendent les juridictions qui leur sont supérieures (ce sont tous les précédents) ; seule la Cour suprême du Royaume-Uni (anciennement Chambre des lords) peut procéder à un revirement de sa propre jurisprudence. La seule façon de s'écarter d'un précédent consiste à essayer de « distinguer » (système des *distinctions*) : il s'agit de trouver un fait différent qui justifie d'adopter une solution différente du précédent. Pour ne pas rigidifier le système, il est admis que seule la *ratio decidendi* (c'est-à-dire les motifs décisifs : ceux qui justifient le prononcé de la solution) lie les juges ultérieurs et non pas tous les *obiter dicta* (un *obiter dictum* est un motif énoncé par le juge, mais qui n'est pas nécessaire au soutien de la solution retenue).

2. **La « fondamentalisation » du droit.** – Ce néologisme est aujourd'hui fréquemment utilisé par les juristes pour évoquer l'importance croissante des droits et libertés fondamentaux dans l'architecture juridique.

Les premières déclarations de droits et libertés sont anciennes. On peut citer la Grande Charte (*Magna Carta libertarum*) anglaise de 1215, qui contient des droits et libertés de nature à lutter contre l'arbitraire royal, ou encore le fameux *Habeas Corpus Act* de 1679 permettant, toujours en Angleterre, d'éviter les emprisonnements sans jugement préalable. Plusieurs déclarations des droits de l'homme ont été adoptées au XVIIIe siècle, en particulier la Déclaration d'indépendance des États-Unis du 4 juillet 1776, ou encore la Déclaration des droits de l'homme et du citoyen de 1789. Toutes ces déclarations proclament ce qu'on a appelé les droits de l'homme *de la première génération*, qui sont des droits civils et politiques : par exemple la liberté et l'égalité, ou encore la résistance à l'oppression.

Les atrocités de la Seconde Guerre mondiale ont conduit à l'élaboration de nouvelles déclarations internationales de droits fondamentaux : la déclaration de Philadelphie du 10 mai 1944, la Déclaration universelle des droits de l'homme de 1948, la Convention européenne de sauvegarde des droits de l'homme et des libertés fondamentales de 1950 ou encore les pactes internationaux de 1966. Ces textes contiennent, à côté des droits civils et politiques classiques, des droits dits *de la deuxième génération* qui sont des droits économiques, sociaux et culturels. On a parfois qualifié ces droits de « droits-créances » dans la mesure où, pour être réalisés, ils nécessitent l'intervention de l'État comme débiteur et prestataire de ces droits (c'est cependant aussi le cas de certains autres droits comme la propriété intellectuelle).

Le processus de fondamentalisation commença avec la constitutionnalisation du droit résultant de la décision du Conseil constitutionnel du 16 juillet 1971 insérant, dans le bloc de constitutionnalité, les droits et libertés fondamentaux reconnus par le préambule de la Constitution de 1958. Il se poursuivit par l'application directe, de plus en plus fréquente, de la Convention européenne des droits de l'homme dans les litiges internes. L'introduction de la QPC amplifie encore le mouvement en permettant l'invocation par tous les justiciables de l'argument tiré de la non-conformité d'une loi à des droits et libertés fondamentaux.

Dans tout litige, le débat peut désormais s'élever (au sens de la hiérarchie des normes) et chacun des plaideurs va surenchérir en invoquant des droits fondamentaux. La détermination de la règle applicable ne peut alors plus se faire par une hiérarchisation purement formelle des normes, comme dans la pyramide traditionnelle, et on en vient à une mise en balance des intérêts en présence qui, là encore, conduit à accorder un important pouvoir politique aux juges. Car si tous les droits sont fondamentaux, on pourrait dire, en paraphrasant Orwell, que les juges, en particulier les juges de l'Union européenne, considèrent certains (les droits sociaux et culturels) comme moins fondamentaux que d'autres (les droits du marché).

La globalisation du monde a fait naître l'ambition, louable mais complexe, de vouloir construire une communauté universelle et un ordre mondial plus juste au moyen de la reconnaissance et de la distribution universelles de droits de l'homme (voir les travaux de Mireille Delmas-Marty sur la construction d'un droit commun de l'humanité). Cet objectif ambitieux suppose cependant une attention aux autres grandes cultures de ce monde, afin que la « fondamentalisation » du droit ne devienne pas la marque de ce qu'un auteur a pu appeler un « fondamentalisme occidental »[1]. Le risque est réel, notamment avec les interprétations de la Cour européenne des droits de l'homme qui, par exemple, condamne le port du voile islamique comme contraire aux « valeurs de pluralisme, de respect des droits d'autrui et, en particulier, d'égalité des hommes et des femmes devant la loi » (*Leyla Şahin c/ Turquie*, 10 novembre 2005), tandis qu'elle refuse de condamner en soi des pratiques sadomasochistes barbares au nom de la liberté sexuelle, en focalisant ses recherches sur le seul point de savoir si la victime avait ou non consenti (*K.A. et A.D. c/ Belgique*, 17 février 2005). De même, la pratique de la torture ou d'autres violations

1. Selon l'expression de A. Supiot, *Homo juridicus. Essai sur la fonction anthropologique du Droit*, Paris, Seuil, 2005, p. 285, désormais en livre de poche, dans le chapitre consacré au « bon usage des droits de l'homme ».

des droits de l'homme par les pays occidentaux, doublée du refus de se voir juger à la même aune que les autres pays montrés du doigt, se paye d'un très lourd prix : la délégitimation des droits de l'homme.

3. **La contractualisation du droit.** – Une place importante est traditionnellement faite à la notion d'ordre public. Celui-ci renvoie à l'ensemble des normes et principes soustraits à la volonté individuelle et qui s'imposent à elle. La notion n'est pas toujours autoritaire, et on admet, à côté d'un ordre public *de direction* destiné à protéger les principales valeurs sociales (la famille, la police, la justice, etc.), un ordre public *de protection*, permettant de protéger la partie faible contre la volonté d'une partie plus forte qui chercherait à lui imposer sa loi. On parle aussi d'un ordre public *social* en droit du travail où l'employeur est autorisé à déroger à certaines règles (par exemple celle du salaire minimum), mais uniquement en faveur du salarié (par exemple, s'agissant du salaire, à la hausse et non pas à la baisse). Ce traditionnel *principe de faveur* a cependant pris l'eau de toutes parts, notamment avec les dernières ordonnances de réforme du droit du travail.

Une place plus importante est aujourd'hui laissée aux contrats. Ainsi, en droit de la famille, le statut et l'impérativité de la loi ont fait place à la prise en compte croissante des volontés individuelles : divorce par consentement mutuel, choix du nom de famille transmis à l'enfant, institution d'un couple par un contrat (le PACS, pacte civil de solidarité), etc. En matière judiciaire, l'introduction du « plaider coupable » (procédure de « comparution sur reconnaissance préalable de culpabilité » instituée par la loi du 9 mars 2004) permet dans une certaine mesure au délinquant de négocier sa peine.

L'action publique elle-même ne se fait plus uniquement sur un mode unilatéral, et une place est faite à une négociation de la loi. Le Code du travail commence ainsi par un chapitre préliminaire sur le dialogue social contenant un article L. 1 prévoyant que tout projet de réforme envisagé par le gouvernement qui porte sur les relations de travail, ou encore l'emploi et la formation professionnelle doit faire l'objet d'une concertation préalable avec les organisations syndicales. On parle aujourd'hui souvent de régulation plus que de réglementation, ou de gouvernance plutôt que de gouvernement, pour marquer la participation des destinataires de la règle à son élaboration. L'État se fait encore plus discret – et l'on parle alors de droit « doux » ou « mou » (*soft law* disent les Anglo-Américains) – lorsque les administrés décident eux-mêmes des règles qui leur sont applicables : les entreprises édictent ainsi, à leur guise, des codes (ou chartes) d'éthique ou de bonne conduite, et prennent des engagements en matière d'impact social et environnemental de leur activité (responsabilité sociale des entreprises ou RSE). Ces engagements unilatéraux sont cependant souvent affichés dans un but purement publicitaire et commercial, et ressemblent alors à ce que les juristes appellent des engagements « potestatifs », lesquels dépendent de la seule volonté du débiteur (« je suis obligé si je veux »). Les juges devraient alors prendre ces engagements au sérieux, et parfois les « durcir » c'est-à-dire leur redonner une certaine force juridique.

Le mouvement ne se fait pas seulement sentir dans l'ordre interne. Dans l'ordre international, la détermination par les juges de la loi applicable laisse place de plus en plus souvent à un libre choix de leur loi par les parties (ce qu'on appelle la « loi d'autonomie »), ce qui conduit à un certain *forum shopping* (du latin *forum*, tribunal). Il en résulte une mise en concurrence des droits nationaux dont on se doute que les vainqueurs seront les fournisseurs de pavillons ou autres législations fiscales de complaisance, plutôt que les législations protectrices des salariés ou des consommateurs.

4. **La procéduralisation du droit.** – On distingue souvent deux formes de justice : la justice substantielle et la justice procédurale. La justice substantielle indique quelle part concrète il faut donner à chacun pour que la distribution soit juste. La justice procédurale se fie quant à elle à une procédure juste pour aboutir à une juste répartition. S'agit-il par exemple de partager un gâteau ? Une règle de justice substantielle énoncerait quelle part chacun doit prendre : il faut couper le gâteau en autant de parts que de personnes présentes, ou donner aux enfants une part deux fois plus grosse qu'aux adultes. Une règle de justice procédurale énoncerait en revanche que celui qui coupe n'est pas celui qui choisit, ou encore qu'il faut mettre une personne sous la table pour dire à qui reviendra chaque part.

La procéduralisation du droit est prônée par de nombreux philosophes et théoriciens du droit. Rawls est ainsi classé parmi les partisans d'une justice procédurale car, dans son système, c'est la procédure juste qui permet de garantir la justice du résultat. On peut citer encore le philosophe allemand Jürgen Habermas (1929-), figure éminente de l'École de Francfort, qui propose une théorie de *l'agir communicationnel* mettant en œuvre une *éthique de la discussion* où la recherche du juste se ferait par la mise en place d'une procédure de discussion. Il a alors précisé les conditions nécessaires à une discussion rationnelle (des règles de sémantique ou de syntaxe pour pouvoir se faire comprendre ou encore des règles de logique pour que la discussion puisse avoir une certaine rationalité).

La procéduralisation du droit conduit à mettre au centre la figure du juge plutôt que celle de la loi. Dans la tradition de *common law*, la place de l'action en justice est ainsi centrale et l'attribution d'un droit est subordonnée à l'existence préalable d'une action (« *Remedies precede rights* », dit le célèbre adage). Les juridictions internationales ont tendance à se calquer sur ce modèle, où le juge est la source première du droit : le juge *dit* le droit et ne se contente pas d'être la bouche de la loi (les arrêts de la Cour de cassation française sont ainsi expressément rendus « au nom du peuple français », tandis que la Cour de justice de l'Union européenne fait précéder sa décision de la formule « dit pour droit »). Le juge y est en outre davantage personnalisé puisque, à la différence du droit français où, dans les juridictions collégiales, le principe de l'anonymat demeure (la décision rendue est le fruit de la majorité, et on ne connaît pas l'opinion individuelle de chaque juge), la tradition de *common law* autorise l'expression d'opinions dissidentes (*dissenting opinions*) : les juges qui sont en désaccord avec l'opinion majoritaire peuvent annexer à la décision rendue leur opinion divergente (ce que font, par exemple, les juges de la Cour européenne des droits de l'homme). La personnalisation se voit particulièrement à la Cour suprême des États-Unis où la biographie de chaque juge est disséquée, et ses opinions personnelles sont analysées et étiquetées.

5. **Le droit comme balance des intérêts, ou l'introduction d'un principe de proportionnalité.** – Les juges utilisent de plus en plus une nouvelle façon de raisonner en termes de balance des intérêts. La Cour de cassation elle-même procède désormais couramment à ce qu'elle appelle, dans un rapport rendu en 2020, un contrôle de conventionnalité *in concreto*, c'est-à-dire un contrôle de conventionnalité de l'application de la règle de droit. Il s'agit, au cas par cas, d'apprécier si l'application concrète de la règle de droit dans un litige ne conduit pas à porter

une atteinte disproportionnée à un principe de valeur supérieure, par exemple le droit au respect de la vie privée protégé par l'article 8 de la Convention européenne des droits de l'homme, ou encore le droit à un procès équitable protégé par l'article 16 du même texte. Il faudrait alors refuser d'appliquer la règle de droit en cause.

Il en résulte qu'il n'y a plus vraiment de norme dont l'application s'impose absolument : dans chaque cas concret, le juge soupèse les intérêts en présence et compare l'intérêt protégé par la norme et celui du justiciable à qui on doit l'appliquer. Ainsi, dans un arrêt de 2013, la Cour de cassation a reproché aux juges du fond d'avoir fait application des règles prohibant le mariage entre personnes trop proches (une femme et le père de son ex-mari), alors que le mariage avait duré plus de vingt ans et que sa nullité revêtait, à l'égard de l'épouse, le caractère d'une ingérence injustifiée dans l'exercice de son droit au respect de sa vie privée et familiale.

Le juge acquiert ainsi un pouvoir considérable qui lui permet de décider, dans chaque cas particulier, du poids qu'il accordera à un intérêt plutôt qu'à un autre, et ce en fonction de ses propres préférences. On comprend pourquoi la méthode plaît aux juges.

Cette nouvelle méthode doit être appréciée par rapport au contexte dans lequel elle s'inscrit et, en particulier, par rapport aux différents systèmes juridiques.

Ainsi, la mise en balance des intérêts contient en germe un risque d'atteinte à la sécurité juridique dès lors que, dans chaque cas particulier, le juge peut procéder à un arbitrage différent des intérêts en présence. En droit de *common law*, ce pouvoir est encadré et compensé par le principe du précédent, qui lie le juge et l'oblige en outre à expliciter son argumentation. La Cour de cassation a cependant prévu de motiver désormais davantage ses décisions, ce qui la contraindra à s'y tenir si elle veut conserver sa crédibilité et donc son autorité.

Dans le même ordre d'idée, la balance des intérêts donne aux juges un certain pouvoir politique, ce qui doit être analysé par rapport à la question cruciale de leur légitimité : selon leur mode d'élection ou de nomination, ou encore selon leur représentativité, cette légitimité peut être différente, même si le risque de « gouvernement des juges » est présent partout.

CHAPITRE V

L'argumentation en droit

Le droit est un art de l'argumentation, et la rhétorique y a une place importante. Cela apparaît ouvertement lorsque, devant les juges, il faut convaincre du bien-fondé de sa cause. Plus fondamentalement, l'argumentation est nécessaire à la légitimation du droit en général. Elle implique plusieurs opérations.

I. – Qualifier

La qualification est une opération essentielle du droit : elle consiste à faire entrer un fait ou un ensemble de faits dans une catégorie juridique afin de déclencher l'application du régime correspondant. Un comportement va être qualifié de fautif ; un bien va être qualifié de meuble ou d'immeuble ; une personne va être qualifiée de père ou de mère, ou encore de salariée. La qualification suppose ainsi de pouvoir classer les faits dans différents concepts ou dans différentes catégories, et il n'est donc pas possible de faire du droit sans faire des distinctions.

L'inclusion d'une situation dans une qualification juridique donnée va permettre de *justifier* qu'un certain régime juridique soit appliqué. Si la marge d'appréciation est parfois grande, elle connaît ses limites. L'utilisation d'une qualification doit, pour être légitime, demeurer plausible.

Parfois, un acte ou une situation de fait sont « atypiques », au sens où ils ne semblent entrer dans aucune catégorie préexistante. Les juristes essaient alors souvent de les faire entrer tout de même dans une qualification, quitte à forcer un peu celle-ci, avant d'y renoncer et de les qualifier de « *sui generis* » (de son propre genre). Ils expriment ainsi, non pas leur réticence à la nouveauté, mais le fait que la justice requiert d'avoir des règles générales et abstraites, et non pas faites sur mesure pour un cas particulier.

II. – Interpréter

Le droit est un art de l'interprétation. Il n'est guère de règle qui ne puisse être interprétée en plusieurs sens différents. Les mots de la langue laissent déjà place à un écart au réel rendant nécessaire une interprétation. La différence entre le caractère abstrait de la règle et le cas précis auquel il s'agit de l'appliquer ouvre également le champ à une interprétation. Même une définition d'apparence aussi simple que l'article 311-1 du Code pénal (« Le vol est la soustraction frauduleuse de la chose d'autrui ») donne lieu à d'innombrables interprétations : est-ce que celui qui s'empare momentanément de la chose avant de la restituer s'est rendu coupable d'une « soustraction » ? Est-ce que celui qui a pris par mégarde la chose d'autrui s'en est emparé « frauduleusement » ? Une main est-elle une « chose » que l'on peut voler ? Est-ce qu'un époux peut être considéré comme « autrui » ? Toute interprétation se discute, et l'art du juriste consistera à convaincre de ce que la sienne est la plus souhaitable, selon des échelles de valeurs qui peuvent varier (la plus juste, la plus efficace, la plus simple, etc.). Le juge tranchera alors entre toutes ces interprétations possibles.

L'interprétation consiste à rechercher le sens de la règle, non pas un sens qui serait caché et donc présent en elle, mais un sens qui lui donne toute sa portée, un sens parmi plusieurs possibles qui en fasse une règle juste. Toute interprétation est donc créatrice et ajoute à la règle.

La portée de l'interprétation n'est pas la même selon les matières. Le droit pénal est d'interprétation stricte, c'est-à-dire qu'il faut s'en tenir à la lettre du texte et ne pas en élargir la portée. Toute interprétation extensive conduirait en effet à accroître le domaine des sanctions pénales. La règle ne vaut pas dans les autres matières et, en particulier, en droit civil.

Il existe plusieurs méthodes d'interprétation d'un texte. L'*exégèse* (ou méthode exégétique) est une interprétation littérale, qui consiste à s'en tenir à la lettre du texte et à invoquer un argument d'interprétation tiré de l'organisation générale du texte, de sa construction grammaticale, ou encore du vocabulaire précis employé. Il est classique aussi de se référer aux *travaux préparatoires* d'un texte pour connaître l'intention de son rédacteur. Il faut cependant trier, par exemple dans les débats parlementaires, ce qui est l'expression de la volonté individuelle d'un de ses membres de ce qui a fait l'objet d'un consensus. La méthode vaut surtout pour les textes récents ; lorsque au contraire la loi est plus ancienne, elle doit être adaptée à l'époque, et l'intention initiale du législateur perd de sa pertinence. L'interprétation peut encore être *téléologique* (du grec *teleos*, fin ou but), c'est-à-dire s'inspirer du but de la règle à appliquer : entre plusieurs interprétations possibles, on choisit celle qui correspond le mieux à la raison de la règle (la *ratio legis*). L'interprétation doit le plus souvent être *évolutive*, c'est-à-dire que l'interprète doit toujours s'efforcer d'adapter la lettre du texte au contexte contemporain, sans toutefois pouvoir aller jusqu'à trahir le texte : le changement radical d'une règle relève d'une décision politique et non pas d'une interprétation qui, par définition, doit toujours rester dans certaines marges.

Il existe également plusieurs techniques d'interprétation d'une règle de droit. L'interprétation par analogie ou *a pari* permet, lorsqu'un texte prévoit une solution pour un cas particulier, de l'appliquer aussi à un cas analogue. Une interprétation *a contrario* signifie au contraire que lorsqu'un texte prévoit une solution pour un cas particulier, c'est la solution inverse qui doit prévaloir lorsque l'on a à faire à un cas opposé. Enfin, l'interprétation *a fortiori* indique que lorsqu'un texte prévoit une solution pour un cas particulier, il y a davantage de raisons d'appliquer cette solution dans un cas qui correspond plus encore à l'objectif visé par la règle.

III. – Raisonner

Le droit suppose l'élaboration d'un raisonnement logique qui soit apte à convaincre. La base de l'argumentation juridique est constituée par le *syllogisme*. Cette figure de rhétorique est attribuée à Aristote (384-322 av. J.-C.). Le syllogisme est une démonstration en trois temps : 1/ la majeure, qui est l'affirmation d'une règle générale, 2/ la mineure qui rend compte d'un ou de plusieurs faits constatés, 3/ enfin la conclusion qui donne le résultat de l'application de la majeure (la règle) à la mineure (aux faits). Ainsi du célèbre : « tous les hommes sont mortels ; or, Socrate est un homme ; donc Socrate est mortel ».

En pratique, le raisonnement est plus complexe, ce qui n'enlève pas toute sa force à cette figure de rhétorique. En particulier, les juristes procèdent souvent par syllogisme inversé ou à rebours, c'est-à-dire qu'ayant déterminé la solution qu'ils souhaitent (la conclusion), ils recherchent, compte tenu des faits de l'espèce (la mineure), la règle de droit à appliquer pour aboutir à un tel résultat (la majeure). La recherche de la solution juste se fait nécessairement par des tâtonnements et des hésitations moins rigoureuses mais, *in fine*, la nécessité de reconstituer un raisonnement syllogistique participe de la justice : l'énoncé sous cette forme permettra en effet de vérifier la *ratio decidendi*, c'est-à-dire les raisons de décider ainsi et, partant, en rendra possible la contestation.

Le constat d'une marge d'interprétation inhérente à l'application de la loi et l'existence inévitable de cas limites ou de zones grises ne conduisent pas pour autant à pouvoir parler de décision *arbitraire* du juge. Pour conserver sa légitimité, seule source de son pouvoir, celui-ci devra en effet être capable de reconstituer un syllogisme d'application de la loi, c'est-à-dire un raisonnement juste d'apparence syllogistique, et ce, précisément afin de démontrer qu'il n'est pas sorti des limites de son pouvoir d'interprétation.

IV. – Énoncer

Le droit, qu'il soit législatif ou jurisprudentiel, doit s'énoncer. Il s'adresse en effet, par définition même, à des êtres de langage.

La précision du *vocabulaire juridique* est alors essentielle, dans la mesure où la définition des mots du droit permet de déclencher l'application de règles de droit correspondantes[1].

L'usage impose parfois un certain vocabulaire ou certaines expressions[2]. C'est ainsi qu'une loi « dispose », « énonce », « prescrit », ou encore « prévoit », tandis que seul un contrat ou une clause « stipule ». De même encore, les tribunaux

1. Voir notamment le classique *Vocabulaire juridique*, G. Cornu, Ass. H. Capitant (dir.), Paris, Puf, « Quadrige », 13e éd., 2020.
2. Voir H. Roland, *Dictionnaire des expressions juridiques*, Paris, LexisNexis, 4e éd., 2018.

rendent des « jugements », tandis que seules les cours (cour d'appel, Cour de cassation, Cour des comptes) rendent des « arrêts ». Pour les conseils (Conseil d'État ou Conseil constitutionnel par exemple), on parle plutôt de « décisions ». Enfin, les juges uniques (juge des référés, juge aux affaires familiales) rendent des « ordonnances ».

Le vocabulaire juridique est souvent ancien et peut paraître désuet : on parle ainsi des « consorts » pour viser un ensemble de personnes unies par des liens familiaux exerçant ensemble une action en justice ; on dit encore « il échet de » pour « il convient de », « il appert » pour « il apparaît », « sieur » pour « monsieur », ou encore « hoirie » pour « succession ». Une loi du 12 mai 2009 de simplification et de clarification du droit a entrepris la modernisation de certains termes pour en faciliter la compréhension : la « tradition réelle » a ainsi été remplacée par la « remise de la chose » ; le mot « hérédité » devient la « succession » ; sont supprimés aussi les ventes « à réméré », le « colonat partiaire », le « commodat » ou encore l'« antichrèse ».

Le *style juridique* enfin est particulier. Ainsi de l'usage des modes et des temps. Les textes juridiques ne sont pas rédigés à l'impératif, ni même nécessairement sur un mode d'injonction (« tu ne tueras point »), mais sont le plus souvent formulés à l'indicatif présent qui résonne, en droit, comme un impératif. De même, si les règles sont souvent formulées sous forme de devoir (article 212 du Code civil : « Les époux se doivent mutuellement respect, fidélité, secours, assistance »), celui-ci est sous-entendu même lorsqu'il n'est pas exprimé (article 213 du même Code : « Les époux assurent ensemble la direction morale et matérielle de la famille. Ils pourvoient à l'éducation des enfants et préparent leur avenir »).

Le style dépend aussi de son auteur, et, traditionnellement, le style législatif était connoté favorablement, contrairement au style administratif, *a priori* plus sec et déshumanisé. La loi, trop souvent édictée et révisée, est devenue plus technique, et l'attention portée à son style est moindre. Certaines lois sont même illisibles en elles-mêmes, car elles se bornent à réviser une loi précédente selon un style elliptique et par renvoi. On est ainsi aujourd'hui parfois loin du style du Code civil qui inspirait Stendhal, comme celui-ci l'écrivit à Balzac le 30 octobre 1840 : « En composant la *Chartreuse*, pour prendre le ton, je lisais chaque matin deux ou trois pages du Code civil. »

Le droit est ainsi une forme de *discours*. Les lois et les décisions judiciaires sont alors parfois analysées comme le serait un texte littéraire. On peut citer le mouvement dit de la « déconstruction », mené par le philosophe français Jacques Derrida (1930-2004), qui se veut une critique et un démontage des textes s'attachant aux mots employés et à leurs différences plutôt qu'à la signification traditionnelle, entendue comme un rapport entre le mot (signifiant) et la chose désignée (signifié). Ou encore le mouvement d'origine nord-américaine « Droit et Littérature » (*Law and Literature*).

La dimension normative du droit le dissocie cependant radicalement de la littérature. C'est ainsi que s'il connaît des fictions (par exemple, l'enfant simplement conçu est considéré comme né toutes les fois qu'il y va de son intérêt), celles-ci doivent garder un certain lien au réel et doivent être plausibles. Une fiction n'est pas un mensonge, car on sait qu'elles ne sont pas la réalité (on fait « comme si » l'enfant était déjà né, mais on sait qu'il ne l'est pas). Les jeux ou exercices de style littéraires, la fantaisie, voire le délire, qui sont le signe de la créativité en littérature, ne sont pas tenables en droit, car celui-ci a d'autres fonctions et d'autres enjeux que la littérature (voir *infra*, p. 84 *sq.*).

CHAPITRE VI

La philosophie du droit

Le droit n'est pas neutre, et sous l'activité d'apparence technicienne du juriste se décèlent différentes conceptions du droit et de son rôle.

I. – Les théories du droit

Les juristes ne s'accordent pas tous sur la définition même du droit. De la façon dont ils en font, on peut parfois déduire la conception qu'ils en ont.

On oppose ainsi souvent deux positions possibles : le positivisme et le jusnaturalisme.

Les *positivistes* considèrent comme du droit tout ce qui est « posé » par une autorité légitime, c'est-à-dire légalement habilitée. La figure emblématique de ce courant est Hans Kelsen (1881-1973), auteur d'une fameuse *Théorie pure du droit*. Selon Kelsen, une norme n'est valable que parce qu'elle est conforme à une norme qui lui est supérieure, et l'ensemble des règles juridiques a donc, ainsi que nous l'avons vu, l'aspect d'une pyramide. Selon Kelsen, la science du droit ne doit alors s'intéresser qu'à la validité formelle des normes et non pas à leur contenu substantiel. Une « théorie pure » du droit n'a donc pas à porter un jugement de valeur sur le contenu des normes.

On oppose à cette conception celle des *jusnaturalistes* pour lesquels les règles de droit posées peuvent être écartées si elles ne sont pas conformes à une justice ou à un ordre supérieurs au droit et qui s'imposent à lui. La figure emblématique de ce courant est Antigone, telle qu'elle est présentée dans la tragédie grecque de Sophocle. Pour s'opposer à Créon, roi de Thèbes, dont un décret interdisait d'inhumer ceux qui avaient pris les armes contre la ville, et pour enterrer son frère Polynice bien qu'il se fût rendu coupable de tels actes, Antigone déclara, dans une célèbre tirade, qu'elle ne pensait pas que les défenses du roi « fussent assez puissantes pour permettre à un mortel de passer outre à d'autres lois, aux lois non écrites, inébranlables, des dieux ! Elles ne datent, celles-là, ni d'aujourd'hui ni d'hier, elles sont éternelles, et nul ne sait le jour où elles ont paru ». Le droit naturel serait ainsi un ordre supérieur au droit positif auquel ce dernier devrait se conformer. Dans le droit naturel classique, que l'on retrouve dans les paroles d'Antigone, c'est le Dieu créateur qui a tout ordonné avec mesure et qui édicte les règles. Dès saint Thomas d'Aquin (1225-1274), puis chez les auteurs de la seconde scolastique, le droit naturel s'identifie à la loi naturelle : il ne résulte plus de la volonté des dieux, mais des lois inscrites dans les choses que la raison humaine est apte à déchiffrer.

Pendant longtemps, le positivisme ne fut pas une attitude valorisée, en particulier après certains travaux qui avaient montré que les commentaires les plus descriptifs des lois de Vichy avaient contribué, par une banalisation de ce droit, à le légitimer[1]. Les jusnaturalistes étaient sans doute de doux rêveurs, mais, contrairement aux positivistes, ils étaient prêts à rejeter un droit fondamentalement injuste. Aujourd'hui, ces débats sont oubliés, et la doctrine majoritaire se proclame avec force « positiviste », tandis que le jusnaturalisme est rejeté comme réactionnaire et moralisateur.

1. D. Lochak, « La doctrine sous Vichy ou les mésaventures du positivisme », in *Les Usages sociaux du droit*, Paris, CURAPP-Puf, 1989, p. 252.

En réalité, l'opposition entre les deux courants est simpliste, et la philosophie du droit ne s'épuise pas dans cette dichotomie. On peut en particulier réintégrer dans le droit la question de ses fondements ou de sa fonction, sans pour autant croire en un ordre supérieur qui s'imposerait à lui.

En outre, aucune théorie, si « pure » soit-elle, n'est neutre et ne peut esquiver toute axiologie ou toute philosophie. On le voit même chez le héraut du positivisme qu'est Kelsen. Au sommet de sa pyramide des normes se trouve en effet une norme unique permettant de fonder toutes les normes. Kelsen la qualifie de *Grundnorm*, c'est-à-dire de norme fondamentale. Or, Kelsen précise bien que la *Grundnorm* est d'une nature radicalement différente des autres normes : ces dernières sont « posées » (*gesetzt*), tandis que la *Grundnorm* est « supposée » (*vorausgesetzt*). La *Grundnorm* n'est donc pas la Constitution, puisque celle-ci est une norme posée. La *Grundnorm* est, selon les termes de Kelsen, une « hypothèse logico-transcendantale », et il dira plus tard qu'il s'agit d'une « fiction ». Kelsen est donc un positiviste lorsqu'il dit que le juriste, dans une théorie « pure » du droit, n'a pas à s'intéresser à cette norme fondamentale, c'est-à-dire à la question des fondements du droit. En revanche, il admet que le système juridique n'est pas et ne peut pas être autofondé, et qu'il est donc nécessairement suspendu à une norme d'une autre nature que les règles de droit positif.

Le positivisme pur ne suffit pas à comprendre le phénomène juridique dans la mesure où il évacue la question essentielle qui est celle de la légitimité du droit. Le droit ne peut s'expliquer par une seule addition de normes positives, fussent-elles hiérarchisées, car la question se posera toujours de savoir d'où la norme ultime tire sa propre force et sa propre légitimité.

Plus généralement, les partisans de théories « pures » du droit, qui prétendent faire de la « science » du droit débarrassée de toute idéologie, n'en véhiculent pas moins tout autant une philosophie du droit, et notamment la vision d'un être humain entièrement rationnel et transparent à lui-même. Ils ne peuvent se draper de neutralité que lorsqu'ils restent dans le plan de la théorie du droit ; mais dès qu'ils s'essaieraient à faire œuvre de juriste, c'est-à-dire à commenter les solutions concrètes adoptées par le législateur ou les juges, ils entreraient nécessairement dans le jeu des interprétations et donc des idéologies.

Le droit n'est pas une pure spéculation intellectuelle : il remplit au contraire des fonctions concrètes qui ne sont au demeurant pas les mêmes dans toutes les sociétés.

II. – Les fonctions du droit

Le droit joue un rôle politique et social essentiel, notamment dans le maintien de l'ordre, de la cohésion, ou encore de la paix sociale. Comme le dit la Déclaration universelle des droits de l'homme de 1948, la reconnaissance de la dignité inhérente à tous les membres de la famille humaine et de leurs droits égaux et inaliénables constitue le fondement de la liberté, de la justice et de la paix dans le monde.

Pierre Legendre a montré que le droit est également chargé des montages qui assurent l'identité et la raison. Remettant à l'ordre du jour la question dogmatique, il souligne qu'aucun être humain ni aucune société ne peuvent vivre sans des croyances indémontrables ayant statut de vérités. Toutes ces croyances sont légitimées par des mises en scène, et aucune société humaine n'a jamais été gouvernée sans cérémonies, sans musiques ou sans rituels. Les sociétés « primitives » ne sont donc pas les seules à vivre dans de telles architectures dogmatiques : « toutes les cultures, y compris donc l'occidentale, vivent de vérités indémontrables, de croyances aspirant au statut d'intouchables, dont la cohérence et les conséquences normatives tiennent à leur authentification en bonne et due forme sociale[1] ». La plus grande croyance actuelle des Occidentaux consiste cependant à croire qu'ils se sont débarrassés de toutes les croyances et de tous les tabous. Jette-t-on cependant nos morts à la poubelle ? Ne connaissons-nous pas aussi la notion de blasphème ? Une loi du 18 mars 2003 pour la sécurité intérieure a ainsi introduit, dans le Code pénal, un délit consistant, « au cours d'une manifestation organisée ou réglementée par les autorités publiques », à « outrager publiquement l'hymne national ou le drapeau tricolore ». Un décret du 21 juillet 2010 a ajouté une contravention spécifique d'outrage au drapeau tricolore, punissant le fait de détruire, détériorer ou même utiliser de manière dégradante le drapeau français. La Marseillaise ou le drapeau tricolore sont donc plus qu'une simple chanson ou un bout de tissu : ils sont les emblèmes de nos croyances républicaines.

Le droit a plus généralement, pour reprendre la formule d'Alain Supiot[2], une fonction anthropologique : il est certes un objet technique, c'est-à-dire que, à la différence d'un objet naturel, son sens est déterminé par l'homme, mais on n'a rien dit d'une technique tant qu'on n'a pas dit à quelle fin elle a été conçue. L'objet propre du droit est d'humaniser les autres techniques : par la technique de l'interdit (« inter-dit », ce qui est dit entre), le droit s'interpose entre l'Homme et ses représentations, mentales

1. P. Legendre, *De la société comme texte. Linéaments d'une anthropologie dogmatique*, Paris, Fayard, 2001, p. 7.
2. A. Supiot, *Homo juridicus. Essai sur la fonction anthropologique du Droit*, *op. cit.*

(la parole) ou matérielles (les outils), et lui permet tout à la fois de ne pas délirer et de canaliser sa violence.

En résumé, selon le mot célèbre d'Érasme dans son *Traité de l'éducation des enfants* de 1529, « l'homme ne naît pas homme, il le devient » (« *finguntur* », c'est-à-dire ils sont fabriqués, ou façonnés tels), et le droit a un rôle à jouer dans cette institution.

III. – L'axiologie juridique

1. **La justice.** – Dans l'opinion commune, le droit est identifié à l'image de la justice. Celle-ci est alors souvent représentée comme une femme tenant dans sa main gauche une balance (pour soupeser les intérêts) et dans sa main droite un glaive (pour trancher les litiges). Le droit est ainsi ramené à la figure du juge, ce qui est un peu inexact s'agissant des droits continentaux comme le droit français. C'est cependant bien l'horizon du droit que d'instaurer une société juste.

La justice suppose d'abord, selon la célèbre formule du Digeste, d'attribuer à chacun le sien (*suum cuique tribuere*). Le roi Salomon est ainsi connu pour avoir, grâce à un stratagème (il avait fait croire qu'il était prêt à couper l'enfant en deux pour départager les deux femmes le réclamant), accompli la justice en attribuant l'enfant disputé à sa véritable mère. La question délicate demeure cependant de déterminer selon quelles règles et quelles mesures attribuer à chacun sa part.

Dans l'*Éthique à Nicomaque* (écrit en 335 av. J.-C.), Aristote distinguait principalement deux types de justice particulière (par opposition à la justice générale que l'on pourrait appeler aujourd'hui la justice sociale).

La justice doit d'abord être *distributive* lorsqu'il y a lieu de procéder à une répartition ou à une distribution entre les citoyens (de biens ou de charges, de droits ou de devoirs, d'honneurs ou de punitions). Elle requiert alors une proportionnalité, par exemple entre les avantages distribués et les vertus des citoyens : il s'agit donc d'une justice géométrique, puisque l'on doit procéder à des rapports (chacun reçoit par rapport, *i.e.* proportionnellement, à ses mérites), c'est-à-dire à des divisions. La justice doit en revanche être *réparatrice* ou *corrective* (on parle encore de justice *commutative*) lorsqu'il s'agit de régler les transferts de valeurs et autres échanges entre les citoyens. Cette justice consiste à rétablir un équilibre rompu entre deux personnes soit que l'une ait transmis à l'autre un bien ou une richesse, soit au contraire qu'elle lui ait causé un dommage. Dans les deux cas, il s'agit de redresser la balance et d'obliger l'une des parties à verser à l'autre l'équivalent de ce qu'elle lui a par ailleurs retiré. Il s'agit donc d'une justice arithmétique puisqu'il y a lieu cette fois-ci de procéder à des opérations d'addition ou de soustraction : si *A* a causé à *B* un dommage de 100, il doit lui verser 100 en compensation.

À l'époque moderne, ce sont surtout des philosophes ou des économistes qui se sont intéressés à la question de la justice. Les juristes, qu'ils se réclament purs techniciens ou purs théoriciens, semblent en revanche ne plus l'inscrire dans leur horizon. On ne citera ici que quelques-uns des auteurs les plus connus s'étant intéressés à cette question.

John Rawls (1921-2002) a proposé, en 1971, une monumentale *Théorie de la justice.* Pour le philosophe américain, il n'existe plus de conception universelle du bien, mais, tout en reconnaissant ce pluralisme, il est possible de déterminer certaines règles communes de justice. La méthode de Rawls repose sur le concept de *voile d'ignorance.* Il reprend le paradigme du contrat social originel tel qu'on le trouve chez Locke, Rousseau ou Kant, mais, contrairement à ces derniers, la position originelle est pour lui une situation purement hypothétique et non pas une situation réelle ou historique. Afin de garantir que personne n'est avantagé ou désavantagé dans le choix des principes par le hasard naturel ou par la contingence des situations sociales, les principes de justice doivent être choisis derrière un voile d'ignorance : on raisonne comme si personne ne connaissait sa place dans la société, sa position de classe ou son statut social, ni non plus le sort qui lui est réservé dans la répartition des capacités et des dons naturels (l'intelligence, la force, etc.) ; les partenaires ignorent même leurs propres conceptions du bien ou leurs tendances psychologiques.

La théorie de John Rawls repose alors sur deux principes de justice. Le *premier principe* est l'égalité des libertés de base dont le théoricien propose une liste : les plus importantes sont les libertés politiques (droit de vote et d'occuper un poste public), la liberté d'expression, de réunion, la liberté de pensée et de conscience ; la liberté de la personne qui comporte la protection à l'égard de l'oppression psychologique et de l'agression physique (intégrité de la personne) ; enfin, le droit de propriété personnelle et la protection à l'égard de l'arrestation et de l'emprisonnement arbitraires. Le *second principe* permet de justifier des inégalités sociales et économiques : la répartition de la richesse et des revenus peut n'être pas égale, mais elle doit être à l'avantage de chacun, et les positions d'autorité et de responsabilité doivent être accessibles à tous.

La théorie de Rawls est séduisante, mais on peut lui reprocher de raisonner uniquement, conformément au credo de l'individualisme libéral contemporain, sur un individu calculateur faisant des choix rationnels. Elle a été critiquée sur plusieurs points encore, mais elle a été, pendant toute la fin du XXe siècle, au cœur de toutes les discussions sur la justice.

Habermas lui a en particulier reproché de retirer de la discussion les différentes conceptions du bien. Selon le philosophe allemand, les fins poursuivies n'ont pas à être mises sous un voile d'ignorance. Comme Rawls, il ne croit pas à la possibilité d'une connaissance rationnelle du bien, et il évacue donc de son champ la métaphysique, mais, contrairement au philosophe américain, il fait confiance à la discussion rationnelle pour parvenir à un consensus sur des principes de justice raisonnables.

La philosophe Martha Nussbaum lui a, quant à elle, reproché de ne pas laisser suffisamment de place, dans sa théorie, aux personnes vulnérables et en particulier aux personnes handicapées.

Michael Walzer a défendu une conception davantage pluraliste de la justice. Dans son ouvrage majeur, il soutient qu'il existe plusieurs « sphères de justice » distinctes, correspondant chacune à un type particulier de bien au sein d'une communauté donnée (économie, éducation, politique, loisirs ou encore famille), et devant être régie par des critères de distribution spécifiques.

Dans plusieurs travaux et notamment dans son dernier livre sur *L'Idée de justice*, l'économiste Amartya Sen insiste à son tour sur l'absence d'une notion universelle de justice. Selon lui, la question des critères sur la base desquels on attribue à chacun sa part est indécidable objectivement. Il s'attache alors plus concrètement à combattre les injustices réelles, et à accroître les capacités (*capabilities*) des individus pour leur donner le pouvoir de choisir et de mener la vie à laquelle ils aspirent. La justice requiert de développer les modes de fonctionnement (*functionings*) des citoyens (accès à l'éducation, à la santé), pour leur permettre d'exercer réellement leur liberté. Sen a contribué à la promotion de l'indicateur de développement humain qui mesure la pauvreté non plus seulement en fonction de données économiques brutes, mais en fonction du « bien-être » des êtres humains (santé, éducation, niveau de vie, etc.). Ces travaux et ces concepts ont été également développés par la philosophe américaine Martha Nussbaum.

Le philosophe Axel Honneth met plutôt l'accent sur la justice comme reconnaissance. Les conflits humains peuvent, selon ce nouveau représentant de l'École de Francfort, s'interpréter dans la perspective d'une demande de reconnaissance qui prend trois formes : l'amour, le droit et la solidarité. En France, Paul Ricœur a théorisé à son tour ce qu'il nomme le parcours de la reconnaissance.

On peut enfin citer les travaux de Michael Sandel qui, raisonnant davantage sur le mode de la casuistique, a théorisé les différentes conceptions de la justice (utilitariste, libérale, ou encore communautarienne), et s'est plus récemment interrogé sur ce que l'argent ne peut pas acheter.

2. **La dignité de la personne humaine.** – La dignité de la personne humaine est de l'essence même des droits de l'homme (voir la formule de la CEDH : « la dignité, comme la liberté, est de l'essence même de la Convention »). Plus précisément, comme l'énoncent les explications de la Charte des droits fondamentaux de l'Union européenne proclamée à Nice le 7 décembre 2000, « la dignité de la personne humaine [...] constitue la base même des droits fondamentaux ».

Dans les premières déclarations des droits de l'homme, c'est la liberté qui était au centre : liberté politique, sûreté et résistance à l'oppression. La Seconde Guerre mondiale a montré que la liberté ne suffisait pas à préserver l'humain, dès lors qu'elle est aussi, par définition même, la liberté de l'inhumanité et de la barbarie. Le principe de dignité fut alors mis au-devant de la scène et affirmé dans les Constitutions (Allemagne, Japon, Italie) et déclarations internationales (déclaration de Philadelphie de 1944 ou Déclaration universelle des droits de l'homme de 1948). Le principe de dignité de la personne humaine n'était pas encore pour autant un concept juridique directement opératoire. En France, c'est seulement en 1994 qu'il fut inscrit dans le Code civil, et le Conseil constitutionnel lui conféra, à cette occasion, une valeur constitutionnelle.

La dignité de l'être humain n'est pas démontrable, pas plus que l'égale dignité de tous les êtres humains. L'origine grecque de la « dignité », l'équivalent du latin *dignitas*, est *axios* (« ce qui est convenable, ce qui vaut, ce qui mérite »), qui a donné « axiome ». Or, la dignité est structurellement un axiome, c'est-à-dire une proposition évidente en soi, échappant à toute démonstration, et s'imposant par un principe d'évidence ou de certitude. Il est hasardeux de prétendre la démontrer, en particulier scientifiquement. L'article 1er de la Déclaration universelle sur le génome humain et les droits de l'homme de l'Unesco du 11 novembre 1997 affirme pourtant que « le génome humain sous-tend l'unité fondamentale de tous les membres de la famille humaine, ainsi que la reconnaissance de leur dignité intrinsèque et de leur diversité ». Est-ce à dire que la découverte d'une différence génétique entre les êtres humains requerrait de renoncer à l'égale dignité de tous les hommes ?

La dignité de la personne humaine n'est pas un droit subjectif, même si sa mise en œuvre peut parfois requérir que soient accordés des droits subjectifs comme les droits à un travail ou à un logement décents. La dignité de la personne humaine ne peut pas davantage être qualifiée de droit de l'homme, sous peine de devoir être mise en balance avec les droits et libertés fondamentaux. On qualifie alors parfois la dignité de droit de l'homme de la troisième génération pour souligner le fait qu'à la différence des droits précédents, elle a comme sujets non plus les individus, mais l'humanité dans son entier. Cette qualification n'est cependant pas davantage satisfaisante, car elle suppose que l'humanité vaudrait plus que les individus qui la composent, alors que la dignité signifie précisément, au contraire, la valeur infinie de chaque être humain.

La dignité est un *principe* qui marque l'appartenance au genre humain. Elle est indérogeable, insusceptible d'abus, et nul ne peut y renoncer, ni pour autrui ni même pour soi-même. Cette nature particulière était apparue dès l'affaire dite « du lancer de nain » qui fut une des premières occurrences jurisprudentielles du principe de dignité (Conseil d'État, 27 oct. 1995, *Commune de Morsang-sur-Orge*) : dans cette affaire, le Conseil d'État jugea que pouvait être interdit sur ce fondement le « jeu » consistant à lancer un nain comme un projectile, nonobstant l'acquiescement de ce dernier à y participer.

La dignité ayant été transformée en concept juridique opératoire, il devient nécessaire de lui donner, sinon une définition, tout au moins un contenu.

La dignité de la personne humaine implique d'abord, selon l'impératif kantien, que la personne ne soit jamais utilisée simplement comme un moyen, mais toujours en même temps comme une fin. La personne humaine doit être reconnue comme une personne juridique, dotée de volonté, et non pas instrumentalisée et réifiée par autrui, c'est-à-dire aliénée à une autre fin qu'elle-même : en particulier, l'homme ne doit pas être utilisé comme un animal, une machine ou un objet, ni comme un réservoir de pièces détachées ou de matériaux biologiques.

Le principe de dignité exige encore que soient assurés les besoins vitaux de la personne humaine. On perçoit en général que le principe de dignité implique de ne pas réduire l'homme à son corps en le traitant comme un objet ; on voit moins que ce principe exige également de ne pas le traiter comme un pur esprit. L'idée demeure ancrée, selon la formule de Pascal, que « toute notre dignité consiste en la pensée ». La personne est cependant un être incarné, et son corps a des besoins qui doivent être assouvis pour qu'elle soit préservée contre l'asservissement et la dégradation. On le perçoit lorsque la personne est malade ou mourante, mais on oublie que le corps, même en bonne santé, entraîne des besoins physiologiques (nourriture, sommeil, hygiène), intellectuels (éducation, culture), ou encore psychologiques (le principe de dignité est ainsi encore en jeu lorsqu'il s'agit de respecter certains sentiments proprement humains tels que la pudeur, la peur, ou encore le dégoût).

IV. – L'interdisciplinarité

Le droit est aujourd'hui éclaté en de nombreuses matières, et les juristes sont de plus en plus perçus comme de simples techniciens. Eux-mêmes contribuent à cette situation en renvoyant la question des fondements du droit à d'autres disciplines. S'il faut éviter le repliement des juristes dans leur tour d'ivoire, et si le droit trouve toujours à s'enrichir de l'apport des autres disciplines, il faut garder à celles-ci leur juste place. L'autre écueil ou tentation consiste en effet à dissoudre le droit dans d'autres disciplines jugées plus « scientifiques », en particulier dans les sciences sociales (notamment la sociologie ou l'économie) ou la biologie.

La *sociologie* est une discipline particulièrement précieuse pour les juristes. Henri Lévy-Bruhl (1884-1964), fils du sociologue Lucien Lévy-Bruhl, est l'un des premiers juristes français à s'être intéressé à la sociologie du droit. La matière a ensuite été explorée magistralement par le doyen Carbonnier (1908-2003), en particulier dans son célèbre ouvrage *Flexible droit. Pour une sociologie du droit sans rigueur*. Le droit doit, pour être juste (et aussi sous peine d'ineffectivité), prendre en considération l'évolution de la société, ce qu'il a fait, comme nous l'avons vu, tout au long du XXᵉ siècle. Le droit ne peut cependant être une simple chambre d'enregistrement des demandes sociales qu'il transformerait en autant de « droits à ». Son rôle n'est pas d'assurer le bonheur des individus, et ce serait au demeurant une illusion de croire qu'il pourrait faire disparaître les affres de la condition humaine et la difficulté d'être au monde.

Le juriste doit aussi s'intéresser à l'*économie*. Les conséquences économiques des règles de droit doivent être évaluées et appréciées, et elles sont souvent prises en considération par les juges. L'économie ne doit cependant pas être érigée en méta-norme et la loi du marché ne peut être le dogme unique dictant toutes les solutions juridiques. En d'autres termes, le droit ne doit pas se dissoudre dans une analyse économique, comme le propose une certaine doctrine du mouvement *Law and Economics*, qui introduit dans tous les domaines, même ceux qui devraient rester largement étrangers au marché, une appréciation de la règle de droit en matière d'efficacité économique. Chaque règle est alors appréciée à l'aune d'un bilan coûts/avantages effectué en termes exclusivement monétaires, ce qui conduit à deux écueils majeurs : évaluer en argent ce qui devrait demeurer sans prix (un enfant, la vie humaine, etc.) et négliger à l'inverse tout ce qui ne peut s'apprécier en argent et qui a pourtant un prix dans la vie sociale (la confiance, la sécurité, ou encore la paix sociale).

La pente est glissante également qui consiste à vouloir calquer le droit sur la *biologie*, en variant au gré des modes scientifiques du moment : après la génétique ou les nanotechnologies, c'est aujourd'hui les sciences cognitives et neuronales qui occupent le devant de la scène.

Le juriste ne peut certes se désintéresser des évolutions techniques et scientifiques : les preuves scientifiques ont ainsi acquis une certaine valeur juridique (par exemple, les empreintes génétiques peuvent jouer un rôle pour identifier les criminels ou encore dans les procès en matière de filiation). Cela ne veut pas dire pour autant que la règle juridique doive céder le pas à la science. Les principes fondamentaux du droit, tels que la liberté ou encore l'égalité (l'égalité hommes/femmes ou l'égale dignité des êtres humains), ne peuvent ainsi trouver leur démonstration ni leur justification dans la science. De même, si les biologistes peuvent expliquer les étapes du développement d'un embryon, la question du statut juridique de celui-ci dépend de bien d'autres facteurs. La définition de la filiation n'est pas non plus qu'une question de biologie ou de génétique.

D'autres disciplines fort précieuses sont à l'inverse trop peu exploitées.

Par exemple, l'*anthropologie*, qui étudie l'être humain d'un point de vue culturel et symbolique, notamment en tant qu'être social. Le regard anthropologique permet notamment de comprendre l'articulation entre l'universel et le relatif. Ainsi, chaque droit est toujours profondément ancré dans une culture, et il y a bien à cet égard une culture juridique française[1], mais ce phénomène culturel et symbolique est quant à lui universel.

La *psychanalyse* aussi est délaissée, dont l'acquis essentiel est la découverte de l'inconscient. Les juristes (ils ne sont pas les seuls) refoulent cette découverte et oublient que l'homme doit faire avec l'insu, et qu'il n'est transparent ni aux autres ni à lui-même. Il doit être assuré

1. Voir D. Alland, S. Rials (dir.), *Dictionnaire de la culture juridique*, Paris, Puf, « Quadrige », 2003 ; F.-X. Lucas, Th. Revet (dir.), *Précis de culture juridique. Grand oral CRFPA*, Issy-les-Moulineaux, LGDJ, 2020.

de son identité et doit être affronté, pour parvenir à se construire, à des interdits et à une part irréductible d'hétéronomie.

Le *droit comparé* pourrait aussi être davantage exploré, dans toute sa complexité et sa subtilité. On le comprend aujourd'hui trop souvent comme un simple réservoir de solutions techniques que l'on pourrait transplanter sans reste, alors que le droit est une discipline éminemment culturelle dont les solutions sont ancrées dans un contexte qui aide à assurer leur équilibre. Le droit comparé est, en outre, en général limité aux seuls droits anglo-américains, tandis que les autres grandes cultures de ce monde sont négligées. Pourtant, si, sur le plan de la technique, ces autres cultures sont parfois « en retard », elles ont en revanche beaucoup à nous (ré)apprendre sur ce que sont les êtres humains et aussi sur les relations humaines et sociales. L'attention aux autres grandes civilisations de ce monde permet de faire le pas de côté nécessaire pour voir et comprendre son propre droit.

CHAPITRE VII

Les sujets de droit

Pour être un sujet de droit, c'est-à-dire être titulaire de droits et d'obligations, il faut avoir la personnalité juridique.

I. – Les personnes physiques et les personnes morales

Ont la personnalité juridique les personnes physiques et les personnes morales.

1. **Les personnes physiques.** – Ce sont tous les êtres humains, dénommés personnes physiques en ce qu'ils sont dotés d'un corps.

(A) *La naissance.* – La personnalité juridique s'acquiert par la naissance. Plus précisément, l'enfant doit être né vivant et viable. Ce principe connaît une atténuation, énoncée dans l'adage classique *Infans conceptus pro nato habetur quoties de ejus commodis agitur* : un enfant simplement conçu est considéré comme né toutes les fois qu'il y va de son intérêt, par exemple pour hériter de son père mort avant sa naissance.

Faute d'être nés, un *embryon* (premier stade du développement, jusqu'à huit semaines de gestation environ) ou un *fœtus* ne sont pas des personnes juridiques. Il n'en résulte pas pour autant qu'ils soient des choses ordinaires, et une partie des lois bioéthiques a au contraire eu pour objet de leur ériger un statut protecteur spécifique. La loi sur l'avortement, qui autorise l'interruption volontaire de grossesse pendant les 12 premières semaines, signifie aussi que, une fois ce délai passé, le fœtus a une certaine existence propre puisque, sauf exception (l'avortement thérapeutique, qui est strictement réglementé), la grossesse doit désormais être menée à son terme. Même en deçà de ce délai, les embryons sont dignes d'une certaine protection : l'article 16 du Code civil affirme ainsi que « la loi assure la primauté de la personne, interdit toute atteinte à la dignité de celle-ci et garantit le respect de l'être humain dès le commencement de sa vie », laquelle débute dès le stade de l'embryon. C'est pourquoi les recherches et expérimentations sur l'embryon et les cellules-souches embryonnaires sont très réglementées, même si elles ont commencé à être admises. De même, le Code civil prévoit qu'un enfant, même non né vivant et viable, peut être inscrit à l'état civil comme enfant mort-né. Cette possibilité a ensuite été étendue à l'« enfant sans vie », mort *in utero* et donc jamais né.

(B) *La mort.* – Seule la mort physique met fin à la personnalité juridique. Existait jusqu'en 1868 la « mort civile » qui frappait les condamnés à de très lourdes peines (comme le bagne) et qui entraînait la perte de la personnalité juridique. On admet aujourd'hui que tout être humain a droit à la personnalité juridique.

D'un point de vue biologique, il y a plusieurs définitions possibles de la mort (arrêt du cœur, de l'activité cérébrale, etc.). Le droit s'en remet en principe au médecin qui délivre le certificat d'inhumer. La règle est plus précise, car les enjeux sont plus lourds, lorsqu'il s'agit de savoir à partir de quel moment les médecins peuvent procéder à un prélèvement d'organes : la mort est alors définie par l'état de mort cérébrale, mais un décret du 2 août 2005 prévoit que, pour certains organes (le rein et le foie), un prélèvement pourra être pratiqué dès lors que la personne présente « un arrêt cardiaque et respiratoire persistant ».

Le Code civil énonce que « le respect dû au corps humain ne cesse pas avec la mort », et que « les restes des personnes décédées, y compris les cendres de celles dont le corps a donné lieu à crémation, doivent être traités avec respect, dignité et décence ». Des règles juridiques très précises sont prévues pour la conservation des cendres ou leur dispersion dans la nature.

Deux hypothèses classiques peuvent conduire à la fin de la personnalité juridique en l'absence de mort certifiée : l'absence et la disparition. L'*absence* vise le cas où « une personne a cessé de paraître au lieu de son domicile ou de sa résidence sans que l'on en ait eu de nouvelles » (elle est descendue chercher des cigarettes et n'a jamais reparu) ; après une première phase de dix ans durant laquelle il y a présomption d'absence, le tribunal pourra, dans certaines conditions, déclarer l'absence qui entraînera tous les effets d'un décès établi. La *disparition* concerne l'hypothèse où une personne a disparu « dans des circonstances de nature à mettre sa vie en danger, lorsque son corps n'a pu être retrouvé » : par exemple une personne qui se trouvait dans un avion écrasé au sol et dont le corps n'a pas été retrouvé ; compte tenu des circonstances de la disparition, on peut présumer plus vite que la personne est décédée, et ce décès peut être judiciairement déclaré à la requête du procureur de la République ou des parties intéressées.

(C) *L'état des personnes.* – L'état des personnes est ce qui constitue l'identité juridique du sujet.

Il comprend d'abord le *nom* au sens large, lequel se compose du nom de famille et du (ou des) prénom(s). Il peut être complété par un nom d'usage (par exemple celui du conjoint), un pseudonyme (nom d'emprunt, en particulier pour les artistes) ou d'un surnom. Le *nom de famille* (anciennement « patronyme » puisqu'il s'agissait du nom du père) est choisi par les parents qui peuvent décider de transmettre le nom du père, le nom de la mère, ou leurs deux noms accolés dans l'ordre choisi par eux dans la limite d'un nom de famille pour chacun (pour que toute personne n'ait jamais que deux noms accolés au maximum). Le nom est considéré en France comme une institution de police, et il est en principe indisponible (il ne relève pas de la volonté des personnes), immutable (sauf procédure administrative spéciale), imprescriptible (il ne se perd pas par le non-usage) et inaliénable (son usage peut cependant être cédé à titre de dénomination sociale ou de nom commercial). Les *prénoms* de l'enfant sont choisis par ses père et mère ; l'officier d'état civil est tenu d'inscrire les prénoms proposés par les parents, mais s'il estime que le choix effectué est contraire aux intérêts de l'enfant, il peut en avertir le procureur de la République qui pourra saisir le juge aux affaires familiales d'une action en annulation du prénom, à la condition de démontrer l'atteinte à l'ordre public. Le changement de prénom est admis, mais il est subordonné à la démonstration d'un intérêt légitime.

L'état des personnes comprend aussi l'indication du *sexe* de la personne. Celui-ci est en principe indisponible mais, à la suite d'une condamnation de la France par la CEDH (affaire *B. c. France* du 25 mars 1992), la Cour de cassation a admis le changement de sexe des transsexuels à l'état civil. Depuis la loi du 18 novembre 2016 de modernisation de la justice du XXIe siècle, la demande n'est plus subordonnée au caractère irréversible de la transformation physique : cette loi insère, dans le Code civil, une section consacrée à la modification de la mention du sexe à l'état civil, qui énonce que le fait de ne pas avoir subi des traitements médicaux, une opération chirurgicale ou une stérilisation ne peut motiver le refus de faire droit à la demande. La CEDH a admis, dans un arrêt *Goodwin* de 2002, qu'après un changement d'état civil, un transsexuel a le droit de se marier avec une personne de son sexe d'origine. S'il est possible de se faire inscrire comme homme sans avoir procédé à une ablation de ses organes féminins, il faudra aussi admettre que des personnes inscrites à l'état civil comme étant de sexe masculin puissent désormais accoucher.

Le *domicile* est le lieu du principal établissement ; il est le lieu de l'exercice des droits (de vote par exemple) et devoirs civils (paiement des impôts par exemple), et une personne ne peut avoir qu'un seul domicile (elle peut en revanche avoir plusieurs résidences qui sont des lieux où elle habite en fait). Les époux peuvent avoir des domiciles distincts. Le libre choix du domicile fait partie du droit au respect de la vie privée protégé par l'article 8 de la Conv. EDH ; un employeur peut y apporter des restrictions, mais en démontrant qu'elles sont justifiées par la nature de la tâche à accomplir et proportionnées au but recherché.

La *capacité* des personnes relève également de l'état des personnes. Elle représente la possibilité d'être titulaire de droits et d'obligations et l'aptitude à faire des actes juridiques. Elle peut être amputée par certaines incapacités : les incapacités d'exercice (qui privent la personne de la possibilité d'exercer seule ses droits, mais non pas d'en être titulaire ; c'est le cas des mineurs ou des incapables majeurs) et les incapacités de jouissance (elles ne peuvent qu'être ponctuelles, car elles privent de la possibilité même d'acquérir un droit).

2. **Les personnes morales.** – Les personnes morales sont des groupements de personnes physiques qui sont dotées en elles-mêmes de la personnalité juridique. Elles ont donc tous les attributs de la personnalité juridique :

un nom (appelé dénomination ou raison sociale pour les sociétés), un domicile (un siège social), un patrimoine, une nationalité, la capacité juridique (par exemple de conclure des contrats), le droit d'ester en justice, etc.

La doctrine s'est longtemps interrogée pour savoir si les personnes morales relevaient de la fiction ou de la réalité. Les partisans de la thèse de la *fiction* relevaient avec Léon Duguit qu'ils n'avaient « jamais dîné avec une personne morale » ; la personnalité morale ne pouvait donc qu'être une création de la loi. Selon la thèse de la *réalité*, les juges peuvent au contraire, lorsqu'ils constatent qu'un groupement a, de fait, acquis une certaine autonomie, lui conférer la personnalité juridique. C'est cette seconde thèse qu'a consacrée un arrêt de 1954 reconnaissant la personnalité morale aux comités d'établissement.

II. – Les personnes et les choses

Les personnes physiques ont un *corps*. D'un point de vue philosophique, les liens entre la personne et son corps ont toujours été l'objet de questions abyssales dans la mesure où le corps *est* la personne. Le droit opérant une *summa divisio* entre les personnes et les choses, le corps s'est classé tout naturellement dans la catégorie des personnes par opposition à celle des choses. Cela n'a duré cependant que tant que, matériellement, le corps a été indissociable de la personne. Mais, comme le disait Jean Rostand, « c'est le terrible forfait de la nature que d'avoir fait les êtres avec la substance des choses », et lorsque la technique a rendu possibles et utiles les transfusions, prélèvements et greffes diverses, la question du statut juridique de ces éléments et produits soudain séparés de la personne s'est posée ouvertement. L'objet des diverses lois bioéthiques a alors été d'encadrer cette réification de la personne et sa marchandisation. La question s'est posée aussi du rapport de l'homme aux éléments détachables de son corps, et la pente est glissante qui pousse à admettre, comme pour les choses, la qualification de droit de propriété sous ses diverses formes (notamment la brevetabilité ou encore la libre disposition).

Limiter la réification du corps de la personne est un enjeu crucial. Au-delà de la morale ou de l'éthique, qui ne suffisent pas en elles-mêmes à expliquer les raisons d'interdire, il faut comprendre que le traitement indigne du corps humain, et notamment sa marchandisation, construit et donne à voir un monde où certaines personnes seront, pour d'autres, un réservoir de pièces détachées (organes ou gamètes) ou une machine pour porter leurs enfants (gestation pour autrui). Cette mise à disposition d'une partie des êtres humains – on se doute que ce ne seront ni les plus forts ni les plus riches – faisant sauter le principe d'égale dignité de tous est porteuse de « dé-civilisation » au sens d'un « dé-chaînement » de la violence proprement humaine que le droit a pour objet de canaliser.

On envisage aujourd'hui d'étendre la qualification de personne aux *robots*. L'assimilation n'est pas anodine, et elle est loin d'être un geste magnanime de reconnaissance. L'un des principaux enjeux en est en réalité la question de l'attribution de la responsabilité pour les dommages qui seront causés par ces choses et, surtout, par leurs composants incorporels (logiciel, algorithmes, etc.). Ceux qui acceptent d'en être propriétaires lorsqu'il s'agit d'en retirer les profits, plaident au contraire pour l'autonomie des robots pour se décharger des charges subséquentes. La personnalité juridique est cependant un point d'imputation de droits mais aussi de devoirs, et il faudra bien un patrimoine pour répondre des actes desdits robots et assumer ces nouveaux risques. On camouflera peut-être cette question par la création d'un fonds de garantie qui indemnisera les victimes. Il n'est pas sûr cependant qu'il soit juste (ni d'ailleurs économiquement efficace) de socialiser les risques lorsque l'on a privatisé les profits.

La question se pose aussi pour des entités naturelles. Il est juridiquement concevable de créer des personnes morales pour représenter les intérêts d'un élément symbolique du patrimoine culturel d'un pays, par exemple d'un fleuve ou d'une montagne. Ce mécanisme existe d'ailleurs déjà, par exemple pour les parcs nationaux qui ont le statut d'établissements publics administratifs. Il est en revanche faux, et même contre-productif, de dire que c'est le fleuve ou la montagne qui « ont » la personnalité juridique. La personnalité juridique permet d'articuler la liberté et la responsabilité humaine, et ce seront des personnes humaines qui agiront pour représenter les intérêts de ces entités naturelles : elles devront pouvoir être déclarées responsables de leurs actions (et aussi le cas échéant les personnes physiques qui les composent) ce qui implique et démontre que demeure une différence d'identité juridique entre l'élément de la nature et la personne morale qui représente ses intérêts : dans le cas contraire, la personne « naturelle » ne pourrait pas agir contre elle-même.

III. – Les personnes et les animaux

Les animaux n'étant pas des personnes, on les a classés dans la catégorie des choses. Certains expriment cependant le souhait de leur donner des droits, au moins à certains d'entre eux, ce qui supposerait de les doter de la personnalité juridique. Les animaux doivent certainement être protégés juridiquement contre la maltraitance. Il n'est cependant nul besoin de leur donner des droits pour imposer aux êtres humains des devoirs envers eux, même si, à titre militant, la qualification peut contribuer à faire prendre conscience des progrès à faire en la matière. Pourquoi en outre ne veiller à la souffrance que des seuls grands animaux ? La destruction de dizaines de milliers de petits poussins n'est-elle pas aussi une cruauté inadmissible ?

Une loi du 16 février 2015, introduite à l'article 515-14 du Code civil, énonce alors opportunément que, bien que les animaux soient en principe soumis au régime des biens, ils « sont des êtres vivants doués de sensibilité ». On aimerait qu'il n'y ait pas là qu'un effet d'affichage, et que soit mis fin à la cruauté des conditions de l'élevage industriel ou de certains abattoirs.

Les animaux n'ayant pas accès au langage, ils n'ont pas accès à l'univers symbolique et donc au droit. Ils peuvent émettre des sons et aussi communiquer : répondre à certains signaux, apprendre à indexer des signaux sur des choses du monde réel, et même reconnaître des signes abstraits pour les animaux les plus intelligents (un chien saura ainsi répondre à son nom). La communication n'est cependant pas du langage, lequel suppose précisément l'accès à un monde symbolique. Seul l'être humain peut penser dans un monde purement symbolique dissocié du réel (seul l'être humain peut, pour cette raison même, délirer). L'animal n'est pas aux prises avec la question du sens de la vie : s'il peut parfois – paraît-il – se donner la mort (lorsqu'il est en danger), cette mort n'est pas un suicide, c'est-à-dire une mort volontaire justifiée par la difficulté métaphysique d'être au monde ou, comme chez les Japonais, par le sens de l'honneur.

Il est alors absurde, au sens le plus métaphysique de ce terme, de parler de dignité des animaux, car la « dignité » est précisément, en droit, le substantif qui marque la différence entre l'homme et l'animal. Le législateur a pris cependant cette voie en punissant, à côté des sévices graves et des actes de cruauté envers un animal domestique, les sévices « de nature sexuelle ». Doivent, sans conteste, être sévèrement punis tous les actes de cruauté ou les souffrances infligées à un animal ; mais en quoi y aurait-il une spécificité du crime sexuel sur un animal qui devrait être puni en soi, c'est-à-dire abstraction faite des éventuelles souffrances qu'il aurait provoquées chez lui ? L'animal n'éprouve aucune honte, aucune humiliation, en un mot, il n'a pas accès au sentiment de décence et donc à la dignité.

La faible différence génétique entre l'homme et l'animal ne saurait justifier un égal traitement juridique. C'est même précisément parce que l'homme et l'animal sont dans une continuité biologique que le droit doit poser radicalement la différence entre les deux. Non pas pour que l'homme s'arroge le droit de maîtriser ou de martyriser les animaux, mais pour aider l'homme à s'arracher à son animalité et l'instituer dans son humanité.

IV. – Les personnes et l'humanité

Le seul sujet de droit légalement reconnu a pendant longtemps été la personne juridique (personne physique ou morale), seule titulaire de droits (droits subjectifs et droits fondamentaux).

L'humanité a fait son entrée sur la scène juridique plus récemment, et d'abord comme une victime. Ainsi, au lendemain de la Seconde Guerre mondiale, fut élaboré le concept juridique de *crime contre l'humanité*. Cette catégorie comprend aujourd'hui plusieurs crimes, au premier rang desquels le crime de génocide et d'autres crimes tels que la déportation, la réduction en esclavage ou la pratique massive et systématique d'exécutions sommaires, d'enlèvements de personnes suivis de leur disparition, de la torture ou d'actes inhumains. Une loi du 26 décembre 1964 dit que ces crimes « sont imprescriptibles par nature ».

Le Code pénal a ajouté aux crimes contre l'humanité les *crimes contre l'espèce humaine.* On rassemble sous ce terme aussi bien l'eugénisme (« le fait de mettre en œuvre une pratique eugénique tendant à l'organisation de la sélection des personnes ») que le clonage reproductif (« le fait de procéder à une intervention ayant pour but de faire naître un enfant génétiquement identique à une autre personne vivante ou décédée »). La notion d'espèce humaine a une connotation « biologisante » : traditionnellement, l'ensemble des êtres humains constituait le « genre » humain, mais le substantif est désormais utilisé – l'anglicisme ayant pris le dessus – par référence au sexe des personnes.

On parle parfois de *droits de la troisième génération* pour viser les droits dont le sujet ne serait pas l'être humain, mais l'humanité dans son entier, par exemple la dignité, qui permet de protéger l'humanité de l'homme et donc de tous les hommes. La notion est cependant problématique, car elle supposerait de faire primer l'humanité sur l'être humain, ce qui, précisément pour la dignité, contredit l'idée de valeur infinie donnée à chaque être humain.

De même est souvent utilisée la notion de *patrimoine commun de l'humanité* qui permet de retirer certains biens de l'appropriation privée afin de les mettre en dehors de l'emprise (destructrice) du marché ; il s'agit de protéger la planète pour les « générations futures », autre concept permettant de transcender les notions individualistes et temporelles du droit.

CHAPITRE VIII

La réalisation du droit

Nul ne peut en principe se faire justice à lui-même[1]. En cas de litige, l'une des parties doit intenter une action en justice, c'est-à-dire saisir une juridiction qui tranchera le différend.

La période contemporaine est marquée par la faveur à l'égard des modes alternatifs de résolution des conflits (MARC), consistant à trancher les litiges en dehors des juridictions étatiques. Dans certains domaines, les parties peuvent ainsi recourir à l'arbitrage et confier leur litige à un tiers désigné conformément à leur accord. Le droit favorise aussi la médiation et la conciliation entre les parties : en certaines matières, les juges sont même obligés de tenter une telle conciliation avant de pouvoir rendre leur jugement.

I. – L'organisation juridictionnelle

Les juridictions françaises sont divisées en deux « ordres » hiérarchiquement organisés : l'ordre judiciaire (comprenant les juridictions judiciaires *stricto sensu* et les juridictions pénales) et l'ordre administratif.

Un *Tribunal des conflits* est chargé de trancher les conflits entre ces deux ordres : les conflits positifs (lorsque les deux ordres de juridictions se déclarent compétents) ou négatifs (lorsque les deux se déclarent incompétents).

---

1. Sur la justice, voir notamment L. Cadiet (dir.), *Dictionnaire de la Justice*, Paris, Puf, 2004.

1. **L'ordre judiciaire.** – Les juridictions de l'ordre judiciaire sont composées pour l'essentiel de *magistrats*, c'est-à-dire de juges professionnels. Les magistrats de l'ordre judiciaire peuvent être des magistrats du siège (qui jugent les affaires) ou du parquet (qui représentent l'État, c'est-à-dire l'intérêt de la société). Les deux types de magistrat tirent leur légitimité de leur mode de nomination (par un concours national) ; les magistrats du siège se singularisent par leur statut (notamment l'inamovibilité) qui est une garantie de leur indépendance. Les juridictions comprennent parfois des juges non professionnels, élus par leurs pairs (au tribunal de commerce ou dans les conseils de prud'hommes). Les juridictions composées à la fois de magistrats professionnels et de juges non professionnels sont dites *échevinales* ou pratiquant l'*échevinage*.

L'organisation des juridictions judiciaires peut être comparée à une pyramide dont la base est constituée par les juridictions du premier degré, l'échelon intermédiaire par les cours d'appel, et le sommet par la Cour de cassation.

(A) *Les juridictions du premier degré.* – Il faut distinguer les juridictions civiles (ou judiciaires *stricto sensu*) des juridictions pénales.

(a) Les juridictions civiles. – L'organisation judiciaire a été largement modifiée par la loi n° 2019-222 du 23 mars 2019 de programmation 2018-2022 et de réforme pour la justice. Cette loi impose, à compter du 1er janvier 2020, une fusion des anciens tribunaux d'instance (TI) et de grande instance (TGI) situés dans une même commune, pour former ce qu'on appelle désormais le *tribunal judiciaire*. Le TI situé dans une commune différente du TGI devient une chambre de proximité de ce tribunal judiciaire, appelée *tribunal de proximité*.

Les tribunaux judiciaires ont une compétence générale en matière civile et pénale, c'est-à-dire qu'elles sont normalement compétentes, sauf si un texte attribue la compétence à une autre juridiction. Auparavant, les TGI et TI se répartissaient leurs compétences principalement selon le montant du litige. Les tribunaux judiciaires sont désormais compétents quel que soit ce montant. Les tribunaux judiciaires statuent en premier et dernier ressort pour les affaires d'un montant inférieur à 5 000 € et à charge d'appel au-delà. Ils statuent en principe en forme collégiale, mais il y a de nombreuses exceptions.

Un nouveau juge, *le juge des contentieux de la protection* est créé dans chaque tribunal de proximité et au sein du tribunal judiciaire pour statuer sur certaines matières précises mettant en jeu la protection des personnes, telles que le crédit à la consommation, le surendettement des particuliers, le contrat de louage d'immeuble à usage d'habitation, la protection des majeurs, ou encore l'expulsion des personnes sans droit ni titre.

Le juge des contentieux de la protection connaît, à charge d'appel ou en dernier ressort, des actions en raison de la nature du litige : à charge d'appel pour les litiges tendant à l'expulsion des personnes, en dernier ressort pour une demande inférieure ou égale à la somme de 5 000 € et à charge d'appel quand la demande excède cette somme ou est indéterminée.

D'autres juridictions sont spécialisées.

Les *tribunaux de commerce* (ou juridictions consulaires) sont composés de juges élus par leurs pairs, c'est-à-dire par des commerçants. Le critère de compétence des tribunaux de commerce est double : il tient soit à la qualité des parties au litige (ils sont compétents pour juger des litiges entre commerçants, personnes physiques ou morales, à la condition que ces litiges se rapportent à leur activité commerciale), soit à la nature de l'opération litigieuse (par exemple pour connaître des contestations relatives aux actes de commerce entre toutes personnes).

Les *conseils de prud'hommes* sont également des juridictions électives, dont les membres sont élus tous les cinq ans par les salariés et les employeurs. Ce sont des juridictions paritaires, composées d'un nombre égal de salariés et d'employeurs. La conciliation est obligatoire devant un bureau de conciliation composé d'au moins un salarié et un employeur. Le bureau de jugement se compose quant à lui d'au moins deux employeurs et deux salariés. En cas de partage des voix, il est fait appel à un juge *départiteur*, qui est un juge professionnel du tribunal d'instance. Les conseils de prud'hommes règlent les différends relatifs à tout contrat de travail entre les employeurs et leurs salariés. La compétence des conseils de prud'hommes se limite aux litiges de nature individuelle et ne s'étend pas aux conflits collectifs (grève ou lock-out).

On peut citer encore les *tribunaux paritaires de baux ruraux*, qui sont des juridictions élues compétentes pour connaître des contestations entre bailleurs et preneurs de baux ruraux, ou encore les *juridictions de la sécurité sociale.*

(b) Les juridictions pénales. – Les juridictions pénales sont chargées de la répression des infractions. Il est fréquent qu'une infraction pénale cause en même temps un dommage à une personne. Celle-ci peut alors, par une *action civile*, en demander réparation devant la juridiction pénale qui aura à statuer sur l'infraction : on dit que la victime se constitue partie civile. Si la victime décide de porter son action en réparation devant le juge civil (elle le peut, mais le procès sera alors plus long et plus coûteux), ce dernier doit surseoir à statuer jusqu'à ce que le juge pénal ait tranché sur la culpabilité : comme le dit l'adage, « le criminel tient le civil en état ».

Dans la procédure pénale de droit commun, on distingue les trois phases essentielles que sont la poursuite, l'instruction et enfin le jugement.

La première phase est gouvernée par le principe dit « de l'opportunité des poursuites », selon lequel c'est au ministère public de décider s'il y a lieu ou non de *poursuivre*. Même en présence d'une infraction caractérisée, il peut décider de classer l'affaire sans suite, ce qui empêchera la procédure de se poursuivre. Le parquet est en effet le représentant de l'État, et celui-ci peut décider de la politique pénale à suivre. Pour certaines infractions, les victimes peuvent cependant, en se constituant partie civile, obliger le procureur de la République à exercer l'action publique. Le parquet est aidé par la police judiciaire qui a pour rôle d'identifier et d'arrêter les auteurs d'infractions.

L'instruction est la phase de l'affaire pendant laquelle les preuves sont recherchées. Le procès pénal est de type *inquisitorial*, c'est-à-dire qu'il appartient au juge de rechercher les preuves, à charge et à décharge. L'instruction (obligatoire en matière criminelle, facultative en matière correctionnelle) fut pendant longtemps menée par un juge unique : le juge d'instruction. Une loi du 5 mars 2007 a créé un collège de l'instruction composé de trois juges afin de prendre les décisions les plus importantes telles que la mise en examen ou le placement sous contrôle judiciaire. Le juge d'instruction peut délivrer certains mandats, par exemple un mandat de comparution (obligeant une personne à comparaître) ou un mandat d'amener (ordre donné à la force publique d'amener éventuellement de force l'intéressé). En revanche, le mandat de dépôt, qui permet de placer en détention provisoire une personne mise en examen, est de la compétence d'un juge des libertés et de la détention. À la fin de l'instruction, le juge d'instruction rend une ordonnance de non-lieu ou au contraire une ordonnance de renvoi devant la juridiction compétente.

La phase de *jugement* est confiée à plusieurs juridictions : les contraventions sont jugées par les tribunaux de police ; les délits par les tribunaux correctionnels ; les crimes par des cours d'assises (composées de trois magistrats professionnels et de neuf jurés choisis par voie de tirage au sort). Les tribunaux de police et les tribunaux correctionnels sont des formations des tribunaux judiciaires ci-dessus examinés. Il existe, pour les mineurs, des juridictions spécialisées : le juge des enfants et le tribunal pour enfants. Des juridictions d'exception peuvent aussi être constituées pour certaines infractions militaires. Enfin, des juridictions spéciales existent pour juger de la responsabilité pénale de certains hommes politiques : la Cour de justice de la République pour les ministres et la Haute Cour de justice pour le président de la République.

(B) *Les cours d'appel.* – Un des principes fondamentaux de l'organisation juridictionnelle est le *principe du double degré de juridiction* : un plaideur qui a perdu son litige en première instance a en principe le droit de faire juger à nouveau son affaire par une juridiction d'un degré supérieur qui pourra réformer la première décision. Ce double degré de juridiction n'existe qu'à partir d'un certain taux de ressort, c'est-à-dire pour les affaires dépassant une certaine somme.

L'appel est *suspensif*, ce qui signifie que, en principe, le délai d'un mois pour faire appel suspend l'exécution du jugement. L'appel est également *dévolutif* : le litige est dévolu dans son entier (en droit et en fait) à la cour d'appel qui est une juridiction du fond, c'est-à-dire que celle-ci rejuge entièrement l'affaire.

Il existe trente-six cours d'appel en France, dont six outre-mer et un tribunal supérieur d'appel à Saint-Pierre-et-Miquelon. Elles sont divisées en chambres. Les arrêts sont rendus par des magistrats délibérant en nombre impair (trois magistrats au moins).

(C) *La Cour de cassation.* – La Cour de cassation est divisée en six chambres spécialisées : la première chambre civile (compétente sur les questions de nationalité, d'état des personnes, de biens ou encore de contrats civils), la deuxième chambre civile (compétente en matière de divorce, de responsabilité délictuelle ou encore de sécurité sociale), la troisième chambre civile (compétente en matière immobilière), la chambre commerciale et financière, la chambre sociale et enfin la chambre criminelle.

Le parquet y est représenté par un procureur général près la Cour de cassation, assisté d'avocats généraux dont un premier avocat général.

Lorsqu'un pourvoi soulève une question de principe susceptible de se présenter dans plusieurs chambres ou plusieurs questions relevant des attributions de chambres différentes, une *chambre mixte* est constituée, composée de magistrats appartenant à trois chambres au moins de la Cour.

La formation la plus solennelle est l'*assemblée plénière de la Cour de cassation*. Sa saisine est obligatoire lorsqu'un second pourvoi consécutif est formé sur la même question de droit : cela signifie en effet que la première cour d'appel de renvoi a refusé de s'incliner devant la Cour de cassation (ce qu'elle a le droit de faire). L'assemblée plénière peut également être saisie, cette fois-ci de façon facultative et sur premier pourvoi, dès lors qu'il y a un risque de divergence entre les juridictions du fond et la Cour de cassation, ou lorsqu'il s'agit d'une affaire importante. L'assemblée plénière est composée du premier président, des six présidents de chambres, des doyens des chambres, de deux conseillers de chacune des six chambres. Tout arrêt rendu par l'assemblée plénière s'impose à la juridiction de renvoi sur les points de droit jugés par celle-ci.

Il existe enfin une formation spéciale pour avis chargée de répondre aux saisines pour avis.

Le pourvoi en cassation doit être formé dans les deux mois de la signification de la décision du fond. Les parties doivent, devant la Cour de cassation, être représentées par un *avocat aux Conseils* (au Conseil d'État et à la Cour de cassation), titulaire d'une charge, et non pas par un avocat à la cour (d'appel).

Le pourvoi en cassation n'est pas suspensif. Pour lutter contre l'encombrement de la Cour de cassation et pour favoriser l'exécution des jugements, l'exécution de la décision attaquée est même une condition pour pouvoir intenter un pourvoi en cassation, sauf dans les matières pour lesquelles l'exécution provisoire serait irréversible (par exemple en matière de divorce ou de nationalité).

Le pourvoi en cassation, à la différence de l'appel, n'est pas non plus dévolutif : la Cour de cassation n'est pas un troisième degré de juridiction, car elle ne juge qu'en droit et non en fait (elle ne remet pas en cause les faits souverainement appréciés par les juges du fond). Plus précisément, elle ne peut être saisie que de certains griefs de droit que l'on appelle des *cas d'ouverture à cassation.* Il y en a neuf dont seuls les quatre premiers sont couramment utilisés : la violation de la loi (lorsque le juge a commis une erreur de droit dans l'application de la loi, par exemple par fausse application d'une règle, ou au contraire par défaut d'application d'une autre) ; le manque de base légale (lorsque les juges du fond n'ont pas suffisamment motivé en fait leur décision, en ne caractérisant pas l'une des conditions de mise en œuvre de la règle, si bien que la

Cour de cassation ne peut pas exercer son contrôle) ; le défaut de motifs (absence complète de motivation sur un point soulevé par une partie, par exemple le défaut de réponse à conclusion) ; ou encore la dénaturation (erreur grossière d'interprétation d'un acte juridique clair).

La Cour de cassation peut « rejeter le pourvoi » ou au contraire « casser et annuler » la décision attaquée. Lorsqu'elle rejette le pourvoi, la décision attaquée devient irrévocable. Lorsqu'elle censure la décision attaquée, celle-ci est annulée, et les parties sont replacées dans l'état où elles se trouvaient avant la décision. L'affaire reste donc à juger, et elle est alors en principe renvoyée devant une autre juridiction (la juridiction de renvoi) de même nature que celle dont émane la décision cassée ou devant la même juridiction autrement composée. Si la juridiction de renvoi s'incline devant la Cour de cassation, il est impossible de former un nouveau pourvoi pour critiquer cette solution, car cela reviendrait à demander à la Cour de cassation de se contredire.

De plus en plus souvent, la Cour de cassation peut casser sans renvoi « lorsque la cassation n'implique pas qu'il soit à nouveau statué sur le fond » (par exemple parce que la cour d'appel est incompétente), et même, en matière civile, « statuer au fond lorsque l'intérêt d'une bonne administration de la justice le justifie » (art. L. 411-3 du Code de l'organisation judiciaire). Cette dernière possibilité, admise par la loi du 18 novembre 2016 de modernisation de la justice du XXIe siècle, est largement dérogatoire par rapport à son rôle classique. Le même texte ajoute qu'en matière pénale, elle peut aussi, en cassant sans renvoi, mettre fin au litige lorsque les faits, tels qu'ils ont été souverainement constatés et appréciés par les juges du fond, lui permettent d'appliquer la règle de droit appropriée.

2. **L'ordre administratif.** – Le contentieux administratif est de divers types : le contentieux de l'annulation qui permet, par un recours pour excès de pouvoir, de demander l'annulation des décisions illégales de la puissance publique (par exemple d'un décret ou d'un arrêté), ou le plein contentieux (ou contentieux de pleine juridiction), qui permet au juge de prononcer des condamnations pécuniaires (par exemple en cas de dommage causé par un ouvrage public).

Les juridictions administratives de droit commun comprennent d'abord les *tribunaux administratifs*. Le tribunal territorialement compétent est celui dans le ressort duquel siège l'autorité ayant pris la décision attaquée. Pour éviter une surcharge du tribunal de Paris (compte tenu du nombre de décisions prises par les autorités centrales), ce principe est assorti de dérogations.

Il y a ensuite huit *cours administratives d'appel* : à Bordeaux, Douai, Lyon, Marseille, Nancy, Nantes, Paris et Versailles. Elles jugent des appels formés contre les jugements des tribunaux administratifs, mais cette compétence est partagée avec le Conseil d'État, qui juge en appel des recours pour excès de pouvoir formés contre des actes réglementaires.

Enfin, la juridiction supérieure est le *Conseil d'État*. Celui-ci a une double fonction : il a un rôle de conseil du gouvernement, et il est également une juridiction. Il est divisé en six sections : cinq sont administratives et formulent des avis dans les matières relevant de leur compétence ; la sixième est la section du contentieux qui exerce la fonction juridictionnelle et qui n'est pas liée par l'avis des sections administratives. Le Conseil d'État est juge de cassation (statuant alors uniquement sur les moyens de droit, tout en pouvant, s'il casse la décision, rejuger lui-même l'affaire au fond), mais aussi juge d'appel et même juge en premier et dernier ressort (pour les affaires de portée nationale comme les recours pour excès de pouvoir formés contre les décrets). Il rend sa décision après avoir pris connaissance du rapport du rapporteur public (dénomination ayant remplacé, depuis 2009, celle de « commissaire du gouvernement »), lequel n'est pas chargé de représenter les intérêts du gouvernement, mais de donner, en toute impartialité, son avis juridique.

II. – Le procès

1. **L'action en justice.** – Celui qui veut agir en justice doit prouver qu'il a *qualité* pour le faire (par exemple, seul un père a qualité pour reconnaître son enfant) et aussi un *intérêt légitime* à agir. C'est à la personne elle-même d'agir car, selon un adage classique, « nul ne plaide par procureur ». Certaines personnes morales (les syndicats, des associations) peuvent néanmoins agir en justice pour la défense des intérêts collectifs qu'elles défendent (par exemple l'intérêt collectif des salariés pour les syndicats). Une loi du 17 mars 2014 a introduit en droit français une action de groupe en matière de litiges relatifs à la consommation et aux pratiques anticoncurrentielles (dans l'esprit de la *class action* du droit américain). Il s'agit d'autoriser une personne ou un groupement (la loi réserve pour l'instant ce droit aux associations de consommateurs représentatives au niveau national et agréées) à agir en justice au nom de très nombreux consommateurs ayant tous subi un même préjudice qui peut être mineur (c'est pour cela qu'ils hésiteraient à intenter une action en justice) mais qui, additionnés, peuvent conduire à de lourdes condamnations. Le résultat de l'action pourra alors leur bénéficier s'ils le demandent, et ce même s'ils n'ont pas individuellement agi. La loi du 18 novembre 2016 de modernisation de la justice du

XXIe siècle, complétée par un décret du 6 mai 2017, prévoit des dispositions générales sur les actions de groupes, et étend le mécanisme avec une action de groupe en matière de discrimination dans les relations relevant du code du travail, une action de groupe en matière de discrimination imputable à un employeur, une action de groupe en matière environnementale, une action de groupe en matière de santé, et enfin une action de groupe en matière de protection des données à caractère personnel.

Après un certain délai, l'action en justice est *prescrite* : au bout d'un certain temps, on estime que les choses doivent être laissées en l'état (*Quieta non movere*) pour favoriser la paix publique, et aussi parce qu'il y a un certain droit à l'oubli. Le délai de droit commun de la *prescription* est en principe, depuis la loi du 17 juin 2008, de cinq ans (prescription quinquennale).

2. **Le droit à un procès équitable.** – L'article 6 de la Convention européenne des droits de l'homme protège le *droit à un procès équitable* : « toute personne a droit à ce que sa cause soit entendue équitablement, publiquement et dans un délai raisonnable, par un tribunal indépendant et impartial, établi par la loi ». La CEDH a donné une large interprétation à ce texte, étendant son application à certaines poursuites disciplinaires, militaires, pénitentiaires ou administratives. Le droit à un procès équitable implique le droit d'accès à un tribunal et certaines garanties de procédure : droit à l'indépendance et à l'impartialité du tribunal ; droit à la publicité de la procédure ; droit à une durée raisonnable du procès ; droits de la défense en général ; droit à l'exécution des décisions de justice. Le Conseil constitutionnel a reconnu une valeur constitutionnelle au principe du droit à un procès équitable.

En droit interne, le Code de procédure civile insiste sur le *principe du contradictoire* : chacune des parties doit être mise en mesure d'apporter la contradiction à son adversaire, c'est-à-dire de se défendre. Ainsi, le juge ne peut retenir les explications et documents invoqués par les parties que si celles-ci ont été à même d'en débattre, et il ne peut fonder sa décision sur les moyens de droit relevés d'office sans avoir au préalable invité les parties à présenter leurs observations. La règle « *Audi alteram partem* » (écoute l'autre partie) est une condition essentielle de la justice.

3. **La preuve.** – La preuve est nécessaire à la réalisation du droit. Selon l'adage, ce qui n'est pas prouvé est considéré comme non existant : « *idem est non esse aut non probari* ». Celui qui ne réussit pas à prouver les éléments nécessaires au soutien de sa demande se voit donc débouté.

En matière civile, le procès est de type *accusatoire* : il ne repose pas sur les investigations du juge, lequel doit en principe se limiter à arbitrer entre les diverses preuves apportées par les parties. La matière a été récemment modifiée par l'ordonnance du 10 février 2016 portant réforme du droit des contrats, du régime général et de la preuve des obligations.

Il faut distinguer l'allégation d'un fait (le simple fait d'invoquer un fait) et sa démonstration. La preuve suppose de démontrer que le fait allégué est avéré. Doivent être démontrés tous les faits *pertinents*, c'est-à-dire les faits nécessaires à l'application de la règle de droit invoquée. Il n'est cependant nécessaire de les prouver que si l'adversaire les conteste. Il est inutile aussi d'apporter aux juges la preuve du contenu de la règle de droit. « *Jura novit curia* », dit l'adage : la Cour connaît le droit. Il en est autrement pour la preuve de la loi étrangère : si, devant le juge français, l'une des parties démontre que son litige relève d'un droit étranger, elle doit produire un *certificat de coutume* permettant d'apporter la preuve du contenu de cette loi.

Le principe en matière de *charge de la preuve* est résumé dans l'adage « *actori incumbit probatio ; reus in excipiendo fit actor* » : la charge de la preuve incombe au demandeur ; le défendeur, en soulevant une exception (c'est-à-dire un moyen de défense), devient demandeur (la charge de la preuve de son moyen de défense lui incombe à son tour). La charge de la preuve peut être renversée par le jeu des *présomptions* qui sont des conséquences que la loi ou le magistrat tirent d'un fait connu à un fait inconnu. Le fait nécessaire à l'application d'une règle de droit est inconnu mais, d'un autre fait connu, on peut déduire quelque chose sur le fait inconnu. Les présomptions sont simples (on peut apporter la preuve contraire) ou au contraire irréfragables (auquel cas elles sont en réalité des règles de fond plus que de preuve).

Les *modes de preuve* sont également réglementés. Si en principe la preuve est libre, c'est-à-dire qu'elle peut se faire par tout moyen légalement admissible (ce qui n'est pas le cas par exemple d'une preuve qui aurait été obtenue par violence ou par fraude), la preuve des actes juridiques d'une valeur supérieure à une certaine somme (1 500 €), ne peut se faire que par la production d'un écrit : un acte authentique (établi par un officier public, en particulier un notaire), un acte sous signatures privées (signé par les parties), ou encore un acte d'avocat (acte privé contresigné par un avocat). L'écrit peut, à certaines conditions, être un écrit électronique. Dans certains cas, un écrit n'est pas exigé : par exemple lorsque l'une des parties n'a pas eu la possibilité matérielle ou morale de se procurer une preuve littérale. Lorsque la preuve est libre, plusieurs autres types de preuve peuvent être admis : des preuves scientifiques (par exemple des prélèvements d'ADN, lesquels ne peuvent cependant être admis que dans certains types de litige), des témoignages, des présomptions, un aveu (reconnaissance par une personne d'un fait qui lui est défavorable) ou encore un serment (affirmation solennelle par une personne d'un fait qui lui est favorable).

Conclusion

Le droit est aujourd'hui de plus en plus au centre de toutes les attentions, suscitant des sentiments paradoxaux. Il est haï parce qu'il marque la limite par des interdits, mais on réclame une loi dès qu'un fait divers révèle un nouveau dysfonctionnement de la société. On nie sa fonction anthropologique dans l'institution de l'humanité et de la raison, mais on lui prête des vertus au-delà de ses forces, notamment la consolation des maux et des victimes de toutes sortes. On veut se débarrasser du droit et de ses rigidités, mais on cherche à introduire partout de la « régulation », de la « gouvernance » ou encore de l'« éthique », projet fantasmatique d'un droit sans hétéronomie et sans contrainte. Certains nous promettent un monde sans négatif, un post-humain où on serait débarrassé même de la question de la mort. L'homme demeure pourtant, avec ses questions et ses délires, ses fantasmes et ses violences.

Pour y remédier, le droit ne peut pas tout, mais il peut beaucoup. Certains se plaisent à n'y voir qu'un instrument de pouvoir, que les forts cherchent (et réussissent souvent) à accaparer et à manipuler. Le constat est indiscutable, mais on ne peut s'y arrêter sans passer à côté de l'essentiel : à savoir qu'il est aussi la seule arme non violente à la disposition des faibles.

Il ne faut pas désespérer du droit.

TABLE DES MATIÈRES

Du même auteur

L'Institution de la liberté, Paris, Puf, 2018.

Le Droit des contrats, Paris, Que sais-je ?, 2018, 1re éd.

Les Obligations I. Contrat et engagement unilatéral, Paris, Puf, « Thémis Droit », 2021, 6e éd.

Les Obligations II. Responsabilité civile et quasi-contrats, Paris, Puf, « Thémis Droit », 2021, 5e éd.

Introduction générale au droit, avec François Brunet, Paris, Puf, « Thémis Droit », 2017, 1re éd.

La Gestation pour autrui. Fictions et réalité, Paris, Fayard, 2013.

De l'obligation d'information dans les contrats. Essai d'une théorie, Paris, LGDJ, « Bibliothèque de droit privé », 1992 ; rééd. Issy-les-Moulineaux, LGDJ, Lextenso Éditions, « Anthologie du droit », 2014.

Réunion et présentation de textes de Catherine Labrusse-Riou dans un ouvrage intitulé *Écrits de bioéthique*, Paris, Puf, « Quadrige Essais-Débats », 2007.

La Génétique, science humaine, en codirection avec Philippe Moullier, Paris, Belin, « Débats », 2004.

Composition et mise en pages
Nord Compo à Villeneuve-d'Ascq

Imprimé en France
par la Nouvelle Imprimerie Laballery
rue Louis Blériot 58500 Clamecy
avril 2021 - N° 104305

La Nouvelle Imprimerie Laballery est titulaire de la marque Imprim'Vert®